U0556139

中国供销合作经济发展研究报告（2023 年）

主 编　董晓波　刘　敏　刘　巍

参 编　胡　联　孙　迪　刘士栋

中国商业出版社

图书在版编目(CIP)数据

中国供销合作经济发展研究报告.2023年 / 董晓波，
刘敏，刘巍主编. ——北京：中国商业出版社，2023.10
ISBN 978－7－5208－2644－0

Ⅰ.①中… Ⅱ.①董… ②刘… ③刘… Ⅲ.①供销合
作社－研究报告－中国－2023 Ⅳ.①F721.2

中国国家版本馆CIP数据核字(2023)第 186265 号

责任编辑:李 飞

（策划编辑:蔡 凯）

中国商业出版社出版发行

(www.zgsycb.com　100053　北京广安门内报国寺 1 号)

总编室:010－63180647　编辑室:010－83114579

发行部:010－83120835/8286

新华书店经销

北京九州迅驰传媒文化有限公司印刷

*

787 毫米×1092 毫米　16 开　10 印张　220 千字

2023 年 10 月第 1 版　2023 年 10 月第 1 次印刷

定价:76.00 元

*　*　*　*

(如有印装质量问题可更换)

中国供销合作经济发展研究报告（2023 年）编委会

前　言

中国供销合作社是我国目前组织体系最完整、网络覆盖面最广、唯一代表我国各类合作社加入国际合作社联盟（ICA）的合作经济组织，在我国经济社会发展的历史上作出了不可磨灭的重要贡献。当前，我国经济社会发展进入了新时代，党中央、国务院高度重视供销合作社的改革和发展。在全体人民共同富裕的中国式现代化战略目标下，供销合作社迎来了新的机遇和挑战。

一直以来，供销合作社都在不断探索、创新，不断提升综合服务水平。2015年，中共中央、国务院作出深化供销合作社综合改革的战略部署，于2015年3月出台了《中共中央国务院关于深化供销合作社综合改革的决定》。2016年4月25日，习近平总书记在安徽凤阳县小岗村主持召开了农村改革座谈会，强调要深化农村改革需要多要素联动，明确指出要推进供销合作社综合改革。2020年9月，中华全国供销合作社第七次代表大会召开之际，习近平总书记又对供销合作社工作作出重要指示，明确指出"供销合作社是党领导下的为农服务的综合性合作经济组织"，同时充分肯定供销合作社的历史贡献和近些年来综合改革成效，要求各级党委和政府继续办好供销合作社，这是推动新时代供销合作社事业发展的行动指南，为供销合作社发展指明了方向。2023年1月2日，中共中央、国务院发布《关于做好2023年全面推进乡村振兴重点工作的意见》，明确提出"坚持为农服务和政事分开、社企分开，持续深化供销合作社综合改革"。

深化供销合作社综合改革，不仅是推进供销社自身改革和发展的内在需求，也是我国推进农业现代化建设和实施乡村振兴战略的需要，还是巩固党在农村执政基础的需要，更是实现共同富裕伟大目标的需要。发展现代农业，要求供销合作社发挥组织体系优势，积极构建综合性、规模化、可持续的社会化服务体系；实施乡村振兴战略，要求供销合作社发挥扎根基层、上下贯通的优势，广泛凝聚各类社会资源，盘活闲置资产，实现城乡融合发展；实现共同富裕，要求供销合作社积极发挥党领导下的综合性合作经济组织这一独特优势，主动弥补市场缺陷导致的不足，避免两极分化，寻求效率与公平的最佳结合，保障广大农民的根本利益，成为党和国家在农业农村发展中抓得住、用得上、靠得住的重要力量。

面对新形势，供销合作社如何坚持为农服务宗旨，持续深化综合改革，创新我国供销合作社体制机制，进一步激发供销合作社的内生动力和发展活力，提升服务能力，拓展服务领域，打造服务农民生产生活的综合平台，成为党和政府密切联系农民群众的桥梁和纽带，使供销合作社在实施乡村振兴战略中发挥更大的作用，为践行共同富裕这一中国特色社会主义本质要求贡献力量，是一个亟待认真研究的问题。因此，以习近平新时代中国特色社会主义思想为指导，认真学习习近平对供销合作社工作作出的重要指示精神，系统深入地研究中国特色供销合作社理论、道路、制度和文化，准确及时地反映和宣传我国供销合作社事业取得的成就，针对存在的难点问题，提出切实可行的对策，就显得意义十分重大。

安徽财经大学长期得到中华全国供销合作总社支持，密切关注我国供销合作社事业发展。我们有责任搭建产学研协同创新平台，加强合作经济理论研究，培养合作经济人才，宣传合作社文化，弘扬合作精神，凸显我校合作经济办学特色，为中国特色供销合作经济事业发展作出应有的贡献。本报告编写分工如下：第一、二部分由董晓波编写，第三部分由孙迪编写，第四部分由胡联编写，第五部分由刘士栋编写，第六部分由刘敏编写，第七部分由刘巍编写，最后由董晓波、刘敏、刘巍统稿。研究生郭莎莎、张曜等做了大量优秀的助研工作。在本报告编写过程中，得到了安徽财经大学分管领导和学校科研处领导的大力支持和帮助，在此一并表示感谢。

安徽财经大学　董晓波

2023 年 8 月

序

安徽财经大学是一所覆盖经济学、管理学、法学、文学、理学、工学、艺术学等七大学科门类，面向全国招生和就业的多科性高等财经院校，是我国首批具有学士学位授予权、第三批具有硕士学位授予权的高校。学校现有13个学院（部），拥有3个省级高峰学科、8个省级重点学科。在2021年软科发布的"中国最好学科排名"榜单中，学校应用经济学、工商管理、统计学三个学科进入前20%。

合作经济研究体现了安徽财经大学的学科特色、研究传统和文化积淀。改革开放后，学校在全国最早设立了合作经济系，开设了合作经济专业，招收本、专科全日制合作经济专业学生，2013年在全国首招合作经济专业硕士研究生，创办了《合作经济》杂志（后更名为《中国供销合作经济》，现更名为《中国合作经济》）；2011年为凸显合作经济理论研究和学科发展特色，开始筹建中国合作经济博物馆，2012年正式对外开放。首次公开出版的《中国合作经济发展研究报告（2013年）》，得到了农业部、中华全国供销合作总社领导的批示与肯定。此后每年出版的《中国合作经济发展研究报告》《中国供销合作经济发展研究报告》《中国棉花产业发展研究报告》，皆受到相关部门和社会各界的高度评价。

当前我国经济社会发展进入新时代。党的二十大报告指出，以中国式现代化全面推进中华民族伟大复兴，中国式现代化是全体人民共同富裕的现代化。合作经济组织是满足人们共同的经济、社会和文化需要的联合体，充分体现了人们追求共同富裕的美好向往。

目前，我国农民专业合作社注册登记数量可观，已达 220 多万家；供销合作社持续深化综合改革，不断提升为农服务水平；农村信用社积极推进转型发展，实施普惠金融。未来，合作经济组织如何提质增效，在实现共同富裕的中国式现代化中发挥更大作用是值得研究的课题。因此，以习近平新时代中国特色社会主义思想为指导，研究中国特色合作经济理论与实践，推动中国特色合作经济事业发展，意义重大。

近年来，安徽财经大学围绕做好社会服务这一重要课题，遵循服务地方经济社会发展与服务我国合作经济事业发展两大主旨，从搭建平台、优化机制、创新模式等方面进行了积极尝试。此次出版的《中国合作经济发展研究报告（2023 年）》《中国供销合作经济发展研究报告（2023 年）》《中国棉花产业发展研究报告（2023 年）》是我们与相关单位紧密合作，共同组织策划，由学校中国合作社研究院面向合作单位组建的以教授与博士为主体的协同创新研究团队，经过一年左右深入调查研究所形成的研究成果。

由于系统深入跟踪研究我国合作经济发展这一课题涉及方方面面，对我们来说，具有很大的挑战性，加之时间紧、任务重，不足之处在所难免，敬请领导、专家和合作经济工作者批评指正。

丁忠明

2023 年 8 月

目　录

第一部分　全国供销合作社发展现状分析

一、全国供销合作社发展概况

自《中共中央、国务院关于深化供销合作社综合改革的决定》（中发〔2015〕11 号）颁布实施以来，供销合作社深化综合改革已进入第八个年头。总结这八年供销合作社综合改革的发展历程、改革成果以及经验举措非常必要，对供销合作社未来发展具有十分重要的意义。

（一）综合改革不断深入

一直以来，党中央、国务院对供销合作社的发展都高度重视。供销合作社改革发展历程，映射了中国经济社会发展的变迁过程。供销合作社在国家发展的不同时期，被赋予了不同使命，扮演了不同的角色，发挥着不同的作用。2009 年国发 40 号文件《国务院关于加快供销合作社改革发展的若干意见》颁布实施，表 1 梳理了 2020 年以来中央 1 号文件中涉及供销合作社的内容表述。从中可以发现，供销合作社的改革一直围绕着为农服务宗旨而展开，从未脱离过"三农"问题。从新农村现代流通网络工程建设到供销合作社综合改革，再到"三位一体"综合合作，都体现了供销合作社对改革路径的不断探索，彰显了供销社系统坚持综合改革的信心和决心，也表达了供销合作社为农服务的恒心。

2015 年以来，全系统以改革为动力，以强化指导、试点先行为途径，坚守底线，防控风险，改革发展两不误、两促进，积极发展农业社会化服务，拓展供销合作社经营服务领域，为农服务功能更加完善，在农业生产、农产品流通、农村合作金融、农村社区服务等领域为农民提供便利实惠、安全优质的服务；大力推进基层社分类改造，积极领办创办农民合作社，合作经济属性不断强化，与农民的利益联结更加紧密；创新联合社治理机制，社企关系进一步理顺，层级间联系更加密切，双线运行机制逐步完善，联合社治理能力不断增强，市场化运行效率更高，在发展现代农业、促进农民致富、繁荣城乡经济中发挥独特优势，成为党和政府关键时刻抓得住、用得上的为农服务骨干力量。

表 1   2020 年以来中央 1 号文件中涉及供销合作社的内容

中央 1 号文件	关于供销合作社的内容
2010 年	继续支持供销合作社新农村现代流通网络工程建设，提升"万村千乡"超市和农家店服务功能质量，加快落实推进供销合作社改革发展的相关政策，加强基层社建设，强化县联合社服务功能
2011 年	无
2012 年	通过政府订购、定向委托、招投标等方式，扶持农民专业合作社、供销合作社、专业技术协会、农民用水合作组织、涉农企业等社会力量广泛参与农业产前、产中、产后服务。支持拥有全国性经营网络的供销合作社和邮政物流、粮食流通、大型商贸企业等参与农产品批发市场、仓储物流体系的建设经营。扶持供销合作社、农民专业合作社等发展连通城乡市场的双向流通网络
2013 年	支持供销合作社、大型商贸集团、邮政系统开展农产品流通。充分发挥供销合作社在农业社会化服务中的重要作用
2014 年	加快供销合作社改革发展。发挥供销合作社扎根农村、联系农民、点多面广的优势，积极稳妥开展供销合作社综合改革试点。按照改造自我、服务农民的要求，创新组织体系和服务机制，努力把供销合作社打造成为农民生产生活服务的生力军和综合平台。支持供销合作社加强新农村现代流通网络和农产品批发市场建设
2015 年	全面深化供销合作社综合改革，坚持为农服务方向，着力推进基层社改造，创新联合社治理机制，拓展为农服务领域，把供销合作社打造成全国性为"三农"提供综合服务的骨干力量。抓紧制定供销合作社条例

续表

中央 1 号文件	关于供销合作社的内容
2016 年	深入推进供销合作社综合改革,提升为农服务能力。加强商贸流通、供销、邮政等系统物流服务网络和设施建设与衔接,加快完善县乡村物流体系。支持供销合作社创办领办农民合作社,引领农民参与农村产业融合发展、分享产业链收益
2017 年	积极发展生产、供销、信用"三位一体"综合合作。支持供销、邮政、农机等系统发挥为农服务综合平台作用,促进传统农资流通网点向现代农资综合服务商转型。推动商贸、供销、邮政、电商互联互通,加强从村到乡镇的物流体系建设,实施快递下乡工程。深入实施电子商务进农村综合示范。继续深化供销合作社综合改革,增强为农服务能力
2018 年	支持供销、邮政及各类企业把服务网点延伸到乡村。全面深化供销合作社综合改革
2019 年	继续深化供销合作社综合改革,制定供销合作社条例
2020 年	国家支持家庭农场、农民合作社、供销合作社、邮政快递企业、产业化龙头企业建设产地分拣包装、冷藏保鲜、仓储运输、初加工等设施,对其在农村建设的保鲜仓储设施用电实行农业生产用电价格。支持供销合作社、邮政快递企业等延伸乡村物流服务网络。继续深化供销合作社综合改革,提高为农服务能力
2021 年	深化供销合作社综合改革,开展生产、供销、信用"三位一体"综合合作试点,健全服务农民生产生活综合平台
2022 年	支持农业服务公司、农民合作社、农村集体经济组织、基层供销合作社等各类主体大力发展单环节、多环节、全程生产托管服务。支持供销合作社开展县域流通服务网络建设提升行动,建设县域集采集配中心
2023 年	坚持为农服务和政事分开、社企分开,持续深化供销合作社综合改革

数据来源:根据 2020 年以来中央 1 号文件整理而得。

（二）全系统销售总额稳步增长

2015 年供销社系统销售总额突破 4 万亿元，之后连年增长，2018 年达到了 5.89 万亿元。2019 年销售额下降了 1.29 万亿元，随后仍保持增长态势，2021 年突破 6 万亿元，超过了 2018 年的水平，2022 年达到了 6.52 万亿元。如图 1 所示。这表明供销合作社的市场竞争力不断提升，在满足人们生产生活需要中发挥了重要作用。

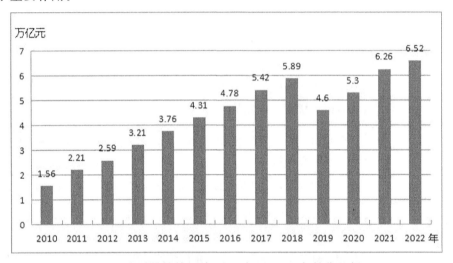

图 1　全国供销社系统 2010 年至 2022 年销售总额
数据来源：中华全国供销合作总社网站、新闻媒体、共研网。[①]

随着为农服务宗旨的深入贯彻落实，农产品上行成效显著，农产品销售额在供销社系统销售总额中的比例不断增大。2015 年以前，全国供销社系统农产品销售额不到 1 万亿元，2017 年达到了 1.84 万亿元，2022 年达到了 2.8 万亿元。如图 2 所示。

---

①　2020 年及之前数据来自中华全国供销合作总社网站发布的《全国供销合作社系统基本情况统计公报》（以下简称《统计公报》），2021 年之后，中华全国供销合作总社网站未发布《统计公报》，在人民网等媒体上有相关数据公布。

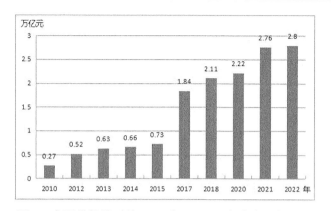

图2 全国供销社系统2010年至2022年农产品销售额

数据来源：中华全国供销合作总社网站、人民网、中国新闻网。①

全系统农产品销售额不仅在绝对数额上不断增加，在相对比重上也不断上升。2010年，全系统农产品销售额在销售总额中的比例为17.3％，2021年这一比例达到了44.1％，2022年该比例为42.9％。如图3所示。全系统农产品销售额及其比例的上升，表明供销合作社在农产品流通中的作用不断凸显，对提高农民收入、增强农产品竞争力有着不可或缺的作用，同时也彰显了供销社系统践行为农服务宗旨的决心和信心。

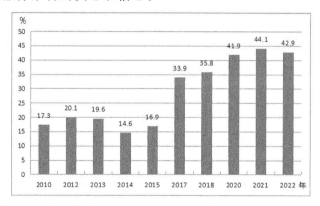

图3 全国供销社系统2010年至2022年农产品销售额比例

---

① 2011年、2016年和2019年全国供销社系统农产品销售额数据未在《统计公报》中显示。2021年数据来自人民网，2022年数据来自中国新闻网。

（三）基层社数量不断上升

基层社是供销合作社为农服务的主要抓手，是供销合作社强化主责主业的重要基层组织载体。近些年，供销合作社基层社建设不断稳固提升，2013 年全系统基层社数量为 2.18 万个，此后保持了稳步上升态势，2021 年全系统基层社数量达到了 3.93 万个。如图 4 所示。

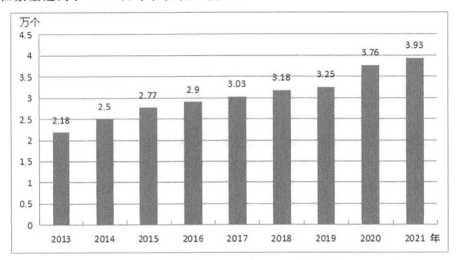

图 4 全系统 2013 年至 2021 年基层社数量

数据来源：中华全国供销合作总社网站、共研网。①

在基层社建设方面，各地供销合作社进行了富有创新性的探索和尝试，涌现出了诸多县乡村一体推进基层社改造机制，多种方式支持、带动基层社建设，全系统采用盘活资产、项目扶持、企业带动等方式改造薄弱基层社。基层社的不断稳固，强化了供销合作社履行为农服务宗旨、做好为农服务工作的信心，增强了供销合作社为农服务的能力，拓宽了供销合作社为农服务的领域。

---

① 2013 年以前中华全国供销合作总社网站未公布基层社统计数据。

农村综合服务社也是供销社系统内重要的基层组织形式，2010年以来，农村综合服务社功能更加健全，农村综合服务社服务功能更加健全，服务范围有效拓展。供销合作社通过加快设施改造，优化服务环境，逐步充实农产品收购、代理代办、快递收发等服务内容，为农民群众提供周到便捷的多样化服务。2021年，农村综合服务社发展到46.9万家。全系统2010—2021年农村综合服务社数量如图5所示。

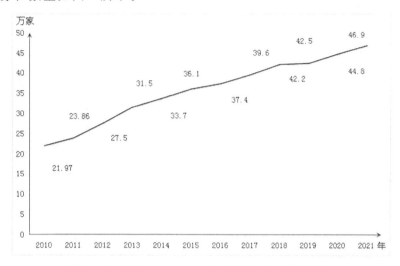

图5 全系统2010—2021年农村综合服务社数量

（四）创新发展趋势明显

截至2022年底，供销社系统涌现出很多有特色、有活力的创新性综合改革模式，各地区供销合作社重点发展的业务与特色见表2。可以从中抽象出四个具有鲜明特色的关键词。一是"融合发展"，包括村级股份经济合作社与基层供销合作社的融合发展，村级股份经济合作社、农民专业合作社与基层供销合作社的融合发展，农民专业合作社与基层供销合作社的融合发展，农村信用合作社、供销合作社、农民专业合作社的融合发展，都在谋求"合作的融合"，以项目为引领，进行一种类型合作经济组织与其他类型合作经济组织的融合发展，进一步整合资源，供销合作社在其中发挥着关键作用。二是"全要素合作"，今日的供销合作社已打破劳动要素"人合"的合作框架，向劳动、资本、土地、技术、信息、企业家才能全要素合作转化，特别是企业家才能要素，在供销社系统中的作用体现得更充分、更直接。三是"数字化"，在互联网技术的助力下，供销社系统各项改革都有数字化思维和举措贯穿其中，紧跟时代发展步伐，以最便捷、最有效的方式为农服务。四是"一体化平台"，各地供销合作社都在组建各类平台，有城乡融合发展平台、社会化服务平台等，例如，湖北衡阳市供销合作总社通过组建城乡建设集团公司，将市、县、乡、村各级供销合作社纳入该平台，实现资源共享、信息共享、统一协调、共同发展。

表 2　各地区供销合作社重点发展的业务与特色

省份	重点发展的业务与特色
北京	强抓主责主业，打造"农资＋"模式
上海	聚焦社区商业，推动城乡发展
重庆	农民专业合作社、供销合作社、农村信用合作社的"三社融合"
河北	依托数字化构建省、市、县、乡、村五级为农服务综合平台
山东	土地托管，合作金融
安徽	村级股份经济合作社与基层供销社"双社融合"发展
江苏	多链融合，拓宽"数字供销"
浙江	"三位一体"改革，壮大和完善"农合联"组织体系
福建	邮供驿站、供销易贷、村社共建
广东	农资农技服务网络建设
广西	打造供销大联盟
黑龙江	乡村振兴运营平台
吉林	土地托管联盟，三级物流体系，金融＋合作社
辽宁	"四个体系"建设，包括开放化组织体系、终端化服务体系、品牌化流通体系、智慧化供销体系
四川	基层供销合作社、村级股份经济合作社、农民专业合作社"三社融合"
湖南	打造城乡运营平台，促进城乡融合发展
湖北	以"链式思维"推进"九大商"建设
河南	城乡融合共同富裕先行试验区

数据来源：根据各地区供销合作社网站发布的新闻和调研整理而得。

二、供销合作社发展中存在的问题

（一）需要加强对供销合作社自身的认识

供销合作社在体制上有其特殊性，县级及以上供销合作社实行参公管理，县级以下供销合作社多属于经济组织，总体来说，供销合作社是党领导下的为农服务的综合性合作经济组织。但是各地供销合作社发展特点不尽相同，没有任何经验和方法可以直接复制，也没有任何模式可以在全国直接推行。有些供销合作社对自身的认识仅限于财务报表、主营业务上，没有深入分析自身所处的政治、经济、文化、社会环境，没有挖掘出供销合作社所面临的机遇。一些地区在学习各地供销合作社发展经验后，感觉对自身发展有借鉴意义的很少，根本原因在于对供销合作社自身认识不清晰、不深刻。

有些供销合作社认为发展不起来的主要原因在于体制不灵活、职能界定不清晰、政府给予的资源太少、受重视程度不够等，这些都是没有深刻认识自身特征的表现。它们将负面事件的原因更多地归于外因，而对自身的资源禀赋、激励机制、约束机制、创新意识、发挥机遇、计划规划等没有深入思考，造成机遇识别能力不高、开拓创新不够、发展动力不足等问题。

（二）需要怀有为农情怀的企业家精神

企业家精神是一种重要的经济要素。供销合作社是合作经济组织，需要具有将劳动、土地、资本、技术、信息等资源进行整合、规划的企业家精神的引领。合作与竞争并存，在资源稀缺的前提下，合作不能完全取代竞争。企业家精神是供销合作社获得竞争优势、提高竞争效率的关键要素。而且，供销合作社企业家精神必须具有为农服务的情怀，坚持为农服务的供销合作社宗旨。

供销社系统存在企业家精神不足的现象。有的供销合作社行政体制僵化，创新活力不足，对市场需求反应速度慢，风险承担能力弱；有的供销合作社领导人不愿承担风险、不敢承担风险，偏好于低风险、较为安稳的工作状态；有的供销合作社偏向于向政府要项目、等项目，不愿主动寻找市场商机，在满足市场需求中寻求发展。

（三）需要明确的供销合作社条例

2015年中央1号文件明确提出"抓紧制定供销合作社条例"。供销合作社系统组织体系庞大，目前没有针对性的相关条例进行规范。供销合作社不适用于《农民专业合作社法》[①]，也不完全适用于《公司法》[②]，在有些地区将供销合作社归于社团组织。目前，各地区供销合作社都在寻求突破，有些地区作出了大胆的尝试，但同时也冒着较大的风险。除了经营风险外，最大的风险是政策风险。本着"法无禁止则可为"的底线思维，有些地区进行了开拓创新，但是政策的不确定性就像是悬在供销合作社头上的达摩克里斯之剑，不知会给供销合作社的创新作出怎样的回应。这为供销合作社的进一步发展造成了极大的阻碍。

三、促进供销合作社深化综合改革的对策建议

（一）深入认识供销合作社自身特征

供销合作社的优势除了具有完整的体系外，更重要的是可以同时采用政策手段和经济手段。一直以来，供销合作社的半公半商的性质遭到质疑。多地供销合作社的实践表明，供销合作社现有体制恰恰是供销合作社最大的优势所在。政策手段不是对社有公司运营乱加干预，而是让公司更好地贯彻落实党和国家的政策，更好地纠正市场失灵所引发的问题，更好地为农服务。经济手段也不是只为盈利，而是要利用市场机制提高资源经营效率，防止行政命令导致公司经营僵化。

供销合作社肩负着党和国家的使命，行使着不同于其他市场主体的职能。首先，供销合作社可以通过公司化运营以政策性经济手段对抗市场失灵。以往政府在解决农用物资质量难以甄别、市场价格波动过大、市场信号传递时滞等市场失灵问题时，多采用政策手段，如加强产品质量监督检验、限制市场价格等，这些政策措施由于监督成本或者影响面过大，实施效果并不理想。供销合

---

① 供销合作社领办的农民专业合作社适用于《农民专业合作社法》。
② 供销合作社部分社有企业采用公司制，适用于《公司法》。

作社通过运营公司在政策指导下向农户提供高质量农用物资，并且限价销售，直接以经济手段解决市场失灵问题，成本更低、效果更好，实现了政策手段与经济手段的有机结合。

（二）大力培养、吸纳有为农服务情怀企业家精神的供销合作社人才

人才是供销合作社发展的关键。怀有为农服务情怀的企业家精神是供销合作社创新发展的发动机，是供销合作社坚持为农服务宗旨的保障。我国农村正经历着劳动力向城镇转移的大变革，经济社会发展正驶入信息化发展的快车道，传统的"人合"合作模式已不能满足生产力发展需要，供销合作社需要从"人合"向"全要素合作"突破。这为新时代中国式合作经济发展提出了新模式、新参考。全要素合作是指劳动、资本、土地、企业家精神、技术、信息六大要素的"共有""共管""共享"。农村发展不仅仅需要将农民组织起来，更需要有企业家带领，在现代信息化平台下将劳动、资本、土地等资源进行整合，共同满足市场需要，这样的组织化才更有市场竞争力、更有生命力，才能实现可持续发展，这样的合作才更符合中国式现代化发展需要。

（三）尽快出台供销合作社条例

出台供销合作社条例是多方期盼的大事，是在供销合作社攻坚克难阶段的强心剂。供销合作社条例要紧扣为农服务宗旨，对社会、系统内部热切关注的问题给予回应，对关系到供销合作社发展的重大争议问题给出明确解答。不能让已有的创新火种熄灭，也不能让不规范现象蔓延；不能让供销合作社展现出的活力减退，也不能让违规行为扩大范围；不能让组织体系优势消失，也不能让供销社系统僵化；不能让供销合作社丢掉传统优势，也不能让供销合作社保守不前。

第二部分　供销合作社综合改革与城乡融合发展专题研究

近年来，全国供销合作社系统深化综合改革，在促进现代农业建设、农民增收致富、城乡融合发展等方面做了大量工作。习近平强调："各级党委和政府要围绕加快推进农业农村现代化、巩固党在农村执政基础，继续办好供销合作社。供销合作社要坚持从'三农'工作大局出发，牢记为农服务根本宗旨，持续深化综合改革，完善体制机制，拓展服务领域，加快成为服务农民生产生活的综合平台，成为党和政府密切联系农民群众的桥梁纽带，努力为推进乡村振兴贡献力量，开创我国供销合作事业新局面。"

供销合作社通过全面深化综合改革，持续提升服务能力，为农业农村发展、农民增收、脱贫攻坚等作出了积极贡献。供销合作社要坚持以习近平新时代中国特色社会主义思想为指导，认真贯彻党中央、国务院决策部署，始终践行为农服务宗旨，持续推进改革创新，不断提高为"三农"服务的综合能力，进一步抓好促进和带动农业社会化服务、农村现代流通、农民专业合作等重点工作，优化重要农资和农副产品供应服务，为农民增收致富、乡村振兴和农业农村现代化作出新贡献。

一、供销合作社综合改革概括

随着我国工业化、信息化城镇快速发展，现代农业深入推进，农村经济社会发展进入新阶段。农业生产经营方式深刻变化，适度规模经营稳步发展，迫切要求发展覆盖全程、综合配套、便捷高效的农业社会化服务；农民生活需求加快升级，迫切要求提供多层次、多样化、便利实惠的生活服务。供销合作社作为长期扎根于农村的综合性合作经济组织是党中央和政府促进农业现代化的重要抓手。中华供销合作总社自 1954 年成立并于同年建立了全国统一的供销合作系统，历经 69 年的沉淀与发展，供销合作社具有优良的组织体系、完备的流通网络和完善的服务功能。近年来，供销合作社为农服务领域不断深化、现代流通网络持续扩大、公益服务作用不断体现，是推动农村经济发展和社会进步的重要力量。但同时必须注意到，在发展过程中，仍然存在着整个组织体系松散、整体发展不平衡、基层社薄弱、与农民联系不紧密、综合性服务能力不强等问题。因此，要进一步深化供销合作社综合改革，解决发展中的沉疴顽疾，激发组织活力，使供销合作社成为现代农业发展的中坚力量，为推进农业现代化贡献自己应有的力量。

（一）政策方针

以习近平新时代中国特色社会主义思想为指导，2015 年，党中央、国务院发布了《中共中央、国务院关于深化供销合作社综合改革的决定》。该文件提出了深化供销合作社综合改革的总要求并指明了发展的方向，即拓展供销合作社经营服务领域、推进供销合作社基层社改造、创新供销合作社联合社治理机制，同时指出应加强对供销合作社综合改革的领导。

中华供销合作总社全面学习并积极贯彻执行《中共中央、国务院关于深化供销合作社综合改革的决定》，先后印发《供销合作社培育壮大工程实施意见》《2020 年深化供销合作社综合改革重点工作任务书》《2021 年深化供销合作社综合改革重点工作任务书》等文件，并相继提出了"关于进一步做好开放办社工作""深化供销合作社综合改革"的指导意见。《2021 年深化供销合作社综合改革重点工作任务书》，相比于 2020 年改革重点工作任务书，进一步提出开展"三位一体"综合合作试点、实施县域城乡融合综合服务平台建设工程、推动供销合作社条例制定的改革重点任务。"关于进一步做好开放办社工作"的指导意见提出了开放办社的必要性、总体要求、工作重点和工作保障。而于 2021 年 7 月中华全国供销合作社、中央农办、人民银行、银保监会 4 部门联合出台的"深化供销合作社综合改革"指导意见则是关于进一步开展生产、供销、信用"三位一体"综合合作试点，打造若干具有示范引领作用的"三位一体"试点单位。

此外，近五年中央 1 号文件中均提到供销合作社。2019 年中央 1 号文件在发展壮大乡村产业中，指出支持供销、邮政、农民合作社等开展农技推广、土地托管、代耕代种等农业生产性服务。在全面深化农村改革方面，指出继续深化供销合作社改革，制定供销合作社条例。2020 年中央 1 号文件的"保障重要农产品"模块中指出，国家支持家庭农场、农民合作社、供销合作社、产业化龙头企业建设产地分拣包装、冷藏保鲜、仓储运输、初加工等设施。同时，支持供销合作社、邮政快递企业等延伸乡村物流服务网络，加强村级电商服务站点建设，打造双向流通体系。在强化农村补短板保障措施中，强调继续深化供销合作社综合改革。2021 年中央 1 号文件的"加快推进农业现代化"模块中指出，深化供销合作社综合改革，开展生产、供销、信用"三位一体"综合合作试点，健全服务农民生产综合平台。2022 年中央 1 号文件的"全力抓好粮食生产和重要农产品供给"模块中指出，支持农业服务公司、农民合作社、农村集体经济组织、基层供销合作社等各类主体大力发展单环节、多环节、全程生产托管服务，开展订单农业、加工物流、产品营销等；在"聚焦产业促进乡村发展"模块中指出，支持供销合作社开展县域流通服务网络建设提升行动，建设县域集采集配中心。2023 年中央 1 号文件的"拓宽农民增收致富渠道"模块中指出，坚持为农服务和政事分开、社企分开，持续深化供销合作社综合改革。近五年中央 1 号文件中有关供销合作社内容转变所释放出的信号，告诉我们应持续推进供销合作社综合改革以及深化供销合作社为农服务功能。

（二）主要目标

到 2023 年，把供销合作社系统打造成为与农民联结更紧密、为农服务功能更完备、市场化运行更高效的合作经济组织体系，成为服务农民生产生活的主力军和综合平台，成为党和政府密切联系农民群众的桥梁纽带，切实在农业现代化中更好地发挥作用。

与农民利益联结更紧密。进一步增加基层社的乡镇覆盖率，提高基层社发展数量，提升基层社发展质量。基层社发展到 3.9 万个，农民社员超过 800 万人；领办农民专业合作社 22 万家以上、农民专业合作社联合社 1 万家以上；发展农村综合服务社 45 万家，行政村覆盖率达到 85％以上。

为农服务功能更完备。供销合作系统普遍建成功能完备、特色突出、运作规范的为农服务中心，发展庄稼医院 7.3 万家，土地托管等面积达到 2.6 亿亩，建立农业生产服务中心 1.5 万个，形成供销合作社农业社会化服务标准和规范。农村现代流通骨干作用更加凸显，稳步开展生产、供销、信用"三位一体"综合合作试点，建设县域融合综合服务平台工程，补齐农村物流短板，广泛参与农村社会治理、公益服务、面源污染，形成供销合作社特色服务优势和服务品牌。

市场运作更有效。供销合作系统初步建立社企分开、上下贯通、整体协调运转的双线运行机制；社有企业普遍建立现代企业制度，面向市场自主经营、自负盈亏；社有企业发挥带头作用，整合县级各类主体资源，建设县域城乡融合综合服务平台，比如县级运营中心、乡镇级为农服务综合体、村级服务站点等；基层社与农民、村集体组织、农民专业合作社等广泛建立劳动合作、资金合作、土地合作、业务合作等关系；基本建立符合市场经济要求和合作经济组织特点的人才培养机制。

（三）重点任务

1. 加强基层组织建设

一是强化基层社合作经济组织属性。按照合作制原则，广泛吸纳小农户、各类合作经济组织、新型农业经营主体加入基层社，增强基层社的组织活力，激发其内生发展动力。完善基层社治理机制，遵循基层社社员代表大会、理事会、监事会制度，充分听取社员意见，尊重社员意愿，把基层社创办为开放、民主、共赢的合作经济组织。健全基层社利益分配机制，完善以交易量返还和股金分红相结合的分配机制，切实保障农民利益。优化人才储备体系，选出具有真才实干、经验丰富、前沿理念的人才担任基层社领导，比如乡村能人、致富能手、大学生村官等。

二是推进薄弱基层社改造。总社制定基层社建设指南，指导各地因地制宜推进基层社建设，提升基层社整体发展质量和为农服务能力。采取县社投资、财政扶持、社企共建、村社共建、农民出资、农民主办等方式，推进薄弱基层社逐步恢复发展经营服务业务，密切与农民的利益联结。在有条件的地区按照"农民社员主体、自主经营实体、合作经济组织联合体和经济实力强、服务能力强"的要求创办标杆基层社，引导其他基层社提质增效。各级联合社要将资源投向基层社并给予其扶持性政策优惠。

三是加强基层社集体资产管理。建立健全基层社资产监管制度，严格管理人员，创新监管方式，完善对基层社集体资产的监管机制。县级联合社加强对基层社集体资产的统筹运营管理，盘活基层社集体资产，通过灵活多样的形式整合资源推进乡镇级为农服务综合体、村级服务站点的县域综合服务网络的建设。

2. 拓展为农服务功能

一是开展生产、供销、信用"三位一体"综合合作试点。发挥供销合作社骨干作用，推动"三位一体"综合合作向更大范围、更深层次发展，丰富服务内涵，提升服务功能，扩大服务领域。加快内部资源整合，在生产、流通、资金等方面发挥供销合作优势，带动农民开展生产合作、消费合作、信用合作，完善多重合作服务功能。加强外部业务协作，支持有条件的地方建立供销合作社、农民专业合作社、农村信用合作社融合发展机制，实现三类合作组织业务协同、功能叠加、服务互补。着力打造区域性的综合合作体系，完善产业经营服务，拓展资本经营服务，承接政府委托服务，引导产业链、服务链、资金链等各个环节融合互通，使参与各方共同收益，实现服务功能体系化、规模化。因地制宜推进农村合作经济组织联合会建设，引导农村各类合作经济组织和农村经纪人队伍健康发展。

二是实施县域城乡融合综合服务平台建设工程。把县域作为城乡融合发展的重要切入点，强化顶层设计和统一布局，破除城乡分割的体制弊端，加快打通城乡要素平等交换、双向流动的制度性通道。统筹县域产业、基础设施、公共服务、基本农田、生态保护、城镇开发、村落分布等空间布局，强化县城综合服务能力，把乡镇建设成服务农民的区域中心，实现县、乡、村功能衔接互补。壮大县域经济，承接适宜产业转移，培育支柱产业。推进以县城为重要载体的城镇化建设，有条件的地区按照小城市标准建设县城。积极推进扩权强镇，规划建设一批重点镇。开展乡村全域土地综合整治试点。推动在县域就业的农民工就地市民化，增加适应进城农民刚性需求的住房供给。鼓励地方建设返乡入乡创业园和孵化实训基地。同时，发挥社有企业带动作用，依托县级社整合各类主体资源，建设县级运营中心、乡镇级为农服务综合体、村级服务站点的县域综合服务网络。

三是加快发展农业社会化服务。围绕"谁来种地"这一问题，供销合作社采取土地托管、代耕代种、股份合作等多种方式破解；围绕"地怎么种"这一问题，供销合作社为农户提供农资采买、农机作业、收储加工等服务，推动农业适度规模经营。中华全国供销合作总社依托供销合作社系统资源，推动有条件的社有企业和农业社会化服务主体组建农业社会化服务联盟，提供全产业链的综合性服务。充分发挥涉农科研院所、职业学校、庄稼医院的专业背景，积极向农户推广新技术、新产品。此外，提升现代农业流通体系，加强供销合作系统流通网络建设，推进多种形式的产销对接；建设运营好"扶贫832"平台，对接贫困县农副产品入驻；重点推进农批市场、冷链物流、产地收集市场及仓储设施建设；加快发展供销合作社电子商务，顺应商业模式和消费方式变化趋势，形成全链条产供销一体化经营，实现线上线下融合发展。

四是强化综合服务功能。为适应新型城镇和新型农村发展需要，供销合作社为农民提供绿色农资、冷链物流、乡村治理等综合服务。实施"绿色农资"行动，推动全系统做好农资储备工作，保障农资统一配供。支持一批冷链物流龙头企业，做好产地预冷工作及建设冷藏保鲜设施，提高"最后一公里"冷配水平。发展乡村旅游、生态养生、休闲观光等服务业。治理乡村人居环境，提高乡村医疗水平，创办高质量教育基地，携手建设美丽乡村。

3. 创新联合社治理机制

一是理顺联合社与社有企业的关系。构建联合社机关主导的行业指导体系和社有企业支撑的经营服务体系，形成社企分开、上下贯通、整体协调运转的双线运行机制。推动联合社机关由上而下构建行业指导体系，强化行业规范、教育培训、调研指导、政策协调、监督管理等职责和能力，帮助成员社和基层社解决实际发展的困难和存在的问题，有效发挥行业指导作用。推动社有企业坚守为农服务方向，做好战略发展规划，推进产业布局优化和经营方式创新，提升市场化运营水平和综合实力，构建联结城乡的经营服务体系，切实发挥为农服务作用。联合社组建资产运营平台，统筹管理出资企业，推动联合社实现由直接管企业向以资本为主加强对社有资产监管的转变。推动各级社有企业、基层社之间开展产权业务合作，促进行业指导体系和经营服务体系上下贯通、整体协调、高效运转。

二是完善联合社治理结构。规范和加强联合社、省级、市级、县级建立理事会、监事会，落实定期召开社员代表大会的要求。推动联合社创新治理机制、优化职能。健全层级间工作评价和考核机制。上级社根据年度工作任务重点建立评价体系对下级社进行考核，成员社依据相关指标体系对联合社进行评价考核。建立供销合作社合作发展基金，以多种形式筹措合作发展基金，切实在为农服务中发挥作用。

三是深化社有企业改革。加快建立现代企业制度，深化产权制度改革，健全社有企业法人治理机构，推进管理体系和管理能力现代化。健全市场化经营机制，深化"三项制度"改革，灵活开展中长期激励。聚焦主责主业，优化社有资本布局，推动社有资本向为农服务主业集中，推进传统业务转型升级，培育发展新动能。构建联合机制，推动跨区域横向联合和跨层级纵向整合，推进产业链上下游协同发展。完善社有企业监管机制，健全社有资产管理制度，完善资产监管体系。加强人才培养，优化选人用人机制，拓宽人才引进渠道。加大日常人员培训力度，完善培训体系和培训计划。创新农业生产方式，提升城乡商贸服务，优化农村信用服务，发展城乡环境服务，开拓乡村消费服务。

4. 推动供销合作社条例制定出台

为深入促进供销合作社综合改革，推动供销合作社条例尽快出台，支持司法部前期调研、立法审查工作，促使相关座谈会、论证会顺利举办，为深化供销合作社综合改革提供立法保障。

二、供销合作社综合改革成效

（一）强化使命担当，服务党和国家工作大局作用更加彰显

围绕党和国家战略布局，服务"三农"工作，发挥优势，担当作为，贡献力量。

积极做好农资供应，保障国家粮食安全。发挥农资供应主渠道作用，建立农资保供工作机制，指导成立32家省级农资保供工作专班，召开保障春耕农资供应工作电话会议，公布150家农资保供重点企业名单，加大农资供应和调配力度。2022年，全系统在春耕、三夏、秋冬种等重要农时有序投放近1000万吨国家和省级化肥储备，有效保障了农民用肥需求和农业生产。

巩固脱贫攻坚成果，开展定点帮扶和消费帮扶。开展定点帮扶，累计向3

个定点帮扶、对口支援县投入帮扶资金 1600 多万元，帮助销售农产品 8400 多万元，在中央单位定点帮扶工作成效考核评价中被评为"好"等次。开展消费帮扶，举办 2022 年脱贫地区农副产品产销对接会，"832 平台"全年交易额 136.5 亿万元。联合财政部等部委出台《关于进一步做好政府采购脱贫地区农副产品有关工作的通知》，鼓励国有企业主动承担帮扶任务、国有金融企业通过"832 平台"采购脱贫地区农产品。2022 年，全系统从脱贫地区采购农产品 3590 亿元。

全面推进乡村振兴，推进重点任务落实。中华全国供销合作总社制定《2022 年推进乡村振兴战略工作要点和分工安排》，开展《乡村振兴战略规划（2018—2022 年）》落实情况的总结评估。参与乡村建设行动，落实《乡村建设行动实施方案》重点举措和分工安排。目前，全系统 97 个市级社、1050 个县级社参与推进再生资源回收利用网络与环卫清运网络"两网融合"。

（二）持续攻坚克难，综合改革取得新进展新成效

持续深化综合改革，指导全系统在完善体制、优化职能、转变作风上下功夫。

强化统筹指导。中华全国供销合作总社定期召开深化综合改革领导小组会，进行重点综合改革工作任务专题研究，制定 2022 年综合改革重点工作任务书，组织开展综合改革再自查、再评估，推动综合改革任务落地落实。

创新联合社治理机制。按照合作制原则，完善"三会"制度，加强理事会、监事会、社员代表大会的建设。目前，11 个省份实现市、县级联合社理事会、监事会全覆盖，规范社资委运行机制，市、县级供销合作社建立社资委的比例分别达到 93％和 86％。

深化社有企业改制。加快构建社有企业现代化制度。总社制定出台 23 项社有资产监管制度，建成社有资产建档立卡信息系统，实现对全系统社有资产精准了解、动态监管。

加强薄弱基层社建设。采取县社投资、财政扶持、社企共建、村社共建、农民出资、农民主办等方式，推进薄弱基层社逐步恢复发展经营服务业务。采取盘活资产、项目扶持、企业带动等方式进一步改造薄弱基层社。

（三）聚焦主责主业，为农服务能力和水平进一步提升

发挥流通优势，优化和创新服务供给，拓展为农服务领域，提升服务能力，在服务农业、农村、农民中发挥积极作用。

农业社会化服务加快发展。通过加强技物结合、建立服务联盟、延长服务链等方式，因地制宜为农户和各类新型农业经营主体提供生产托管服务和配方施肥、统防统治、农机作业等农业社会化服务。2022年，全系统生产性托管服务面积8657万亩，同比增长25.6%；配方施肥、统防统治、农机作业等农业社会化服务规模6.42亿亩次，同比增长35%。

农产品流通服务水平进一步提升。编制实施《全国供销合作社"十四五"公共型农产品冷链物流发展专项规划》，分片区召开区域协调会，2022年全系统新增冷库库容244万吨，累计达790万吨。

县域流通服务网络建设提升行动深入实施。指导有条件的地区完善县、乡、村三级流通服务网络，加快重点业务数字化转型，搭建日用品采购、农产品销售、农资销售3个平台。2022年，全系统实现农产品销售额2.8万亿元，同比增长2.2%。

三、城乡融合发展是深化供销合作社综合改革的重要突破口

（一）供销合作社实现城乡融合发展的必要性

供销合作社系统各层级合作社间缺少直接经济联系，各层级贯通不顺畅，造成从下到上、从上到下资源阻隔，从而导致了供销合作社城乡发展的分割，城市消费需求旺盛、对高质量农产品需求大等信息没有通过供销合作社组织体系传导至农村，转化为农村发展的生产力；农村优质土特产品也没有通过供销合作社组织体系高效送达城市，转化为农民增收致富的增长点。要使供销合作社为农服务水平达到高质量状态，供销合作社的城乡分割、层级分割必须打破。

目前，与村集体经济组织、农民专业合作社、农户联系较为紧密的是基层供销合作社，县级及以上供销合作社与基层合作社的联系有待加强。县、市、省、总社四级供销合作社相对分割，基层社与县、市、省、总社的联系更加薄

弱。调研中也发现，当前各省供销合作社系统推进的化肥政府储备集采集配、县域城乡融合综合流通服务体系、农产品冷链物流骨干网络、社有企业改革、为农服务中心建设等重点工作，都要聚焦到县域，都要通过县级供销合作社组织推进，基层社具体落实。很多地方在推行"县基一体化"，认为"县基一体化"管理是供销合作事业强基固本的迫切需要，是推动基层组织创新的现实选择。其实，市供销合作社、省供销合作社也应加强联系，实行"供销一体化"。

（二）供销合作社促进城乡融合发展的措施

1. 以股份制公司联结各层级供销合作社，搭建城乡融合发展运营平台

供销一体化需要有效的联结机制和载体，股份制公司是较为合适的选择。各层级供销合作社可以在股份制公司中参股、控股，形成利益共同体，信息、资本、劳动、技术、企业家才能等要素在共同体内共享。有人质疑供销合作社创办股份公司是否会改变供销合作社的"合作"属性，也有人担心供销合作社成立公司是否会在土地、劳动等资源获取中出现"资本之上"的倾向，导致农村土地资源被工商资本控制，农民失去乡村振兴的主体地位。从目前一些供销合作社的改革举措中，我们发现城乡产业运营公司实行的是"对外竞争"和"对内合作"相结合的方式。在产品市场上，运营公司与其他市场经营主体公平竞争，公司通过提高产品质量、降低运营成本、提高运营效率、加强品牌建设等方式创造竞争优势，激活市场生命力；在要素市场上，运营公司通过吸纳农民土地入股、村集体入股等方式获得土地经营权和集体财产经营权，以"合作"代替"竞争"，凸显了供销合作社的合作性，维护了农民的主体地位。

2. 相互派驻人员并任职，实现人才交流互通

人才互通是供销一体化的关键。目前各层级供销合作社的人、财、物由同级政府管理，上级供销合作社对下级供销合作社没有人事任命权。供销社系统内部人事流通不畅。有些层级供销合作社领导从其他政府部门调任，而不是由供销社系统内部人员担任，对供销社系统不甚了解，业务不是很熟练，给供销社系统工作开展带来阻碍。各层级供销合作社可以尝试互派人员任职，实现总社、省社、市社、县社、基层社五级人员流通联动，增强各层级供销社的了解，带动信息、资源在供销社系统内部的流动。

四、供销合作社综合改革与城乡融合发展典型案例

2022年，为充分盘活、利用城乡国有、集体闲置资产，助力乡村产业发展，衡阳市委、市政府出台《搭建城乡产业运营平台助力乡村产业发展实施方案》，充分发挥供销合作社政策体制、组织网络、合作平台优势，积极建设贯通四级、融合城乡的城乡产业运营平台体系，全面承担新供销为农服务的使命任务，围绕省社"13633"工作思路，创新推进基层组织建设和农业社会化服务。

（一）以城乡融合为路径，探索中国式现代化供销新模式

1. 市级供销合作牵头，以集团公司搭建平台

衡阳市委、市政府出台《关于搭建城乡产业运营平台助力乡村产业发展的实施方案》，明确依托供销合作体系搭建运营平台，以产业带动、利益驱动来盘活闲置资产资源、安置闲置劳动力就业。衡阳市城乡产业运营集团、衡阳数字供销公司、衡阳城乡产业运营集团产品销售中心、衡阳市新三湘供销现代农业服务有限公司先后成立并投入运营。

2. 县、乡级供销合作社积极参与

各县市同步开展城乡产业运营平台试点先行工作，建立试点工作配套制度，成立县级城乡产业运营公司8家、乡镇级城乡产业运营公司13家。除衡南县向阳街道，试点乡镇的供销合作社和公司均分别由乡镇政府分管领导兼任乡镇供销合作社主任和公司经理。

3. 村集体经济组织成立公司，加入城乡产业运营集团

引导村党组织成立以本村集体经济组织作为主导出资人的村级城乡产业运营公司57家。村级公司成了名副其实的"强村公司"，真正突破村集体经济虚化、村党组织弱化、村民创收渠道固化的困境，村"两委"公信力得以提高，党在农村的执政基础得以巩固。

（二）以壮大集体经济为导向，激活乡村振兴新动能

1. 聚资源，农民得实惠

安合城乡产业运营公司通过"农资团购"的形式，以出厂价整村直发农资，既保证了农资质量，又帮助村民节省成本近20万元。衡阳县西渡镇城乡

产业运营公司分别与演陂镇、栏栊乡签订 4000 余亩的育秧、翻耕、机插、飞防服务协议，农户广泛受益。

2. 搭平台，企业增效益

衡阳县演陂桥村城乡产业运营公司以闲置粮站资产出资，通过合作方式引进 8 家企业入驻，引进社会资本投资 2000 万元，园内企业年营收总额 1 亿余元，利税近 1000 万元。市级打造的"供销品牌"——船山源饮用水成为多个省、市重要节会保障用水，项目年销售额突破 400 万元。

3. 强载体，集体获收益

常宁市洋泉镇西南村城乡产业运营公司利用闲置学校大力发展乡村车间，村集体经济年增收 30 万元以上。衡南县车江街道恒星村城乡产业运营公司利用原南泥湾中学部旧校舍，与深圳华达可文旅公司合作，打造乡村红色旅游景点，村集体经济年增收 50 万元以上。

（三）以服务国家战略为抓手，担当"国家队"新使命

1. 把牢基本盘方向盘

按照"乡覆盖、村优选、联关口、补缺口"的总体要求，恢复和建立基层供销合作社 728 家。衡阳县委编办发文在乡镇农业综合服务中心加挂乡镇供销合作社牌子，明确专职工作人员。衡东县深改领导小组发文成立乡镇、村（社区）供销合作社，实现镇村全覆盖。

2. 增强辐射力带动力

全市乡镇惠农服务中心 157 个，村级惠农综合服务社 1643 家。全市 79 家城乡产业运营公司服务覆盖超过 300 个行政村，为 9 万余户农户提供农业社会化服务。"大联盟"吸纳成员 252 家，覆盖种植、养殖、农资、农技、金融等主体，服务面积 45.6 万亩，服务带动农户 11 万户。

总结衡阳供销合作社城乡融合发展经验，可将其归纳为以下三个方面。

一是有开创性。当今世界正经历着百年未有之大变局，我国社会的主要矛盾已经转化为人民日益增长的美好生活需要和不平衡不充分的发展之间的矛盾，最大的不平衡就是城乡发展的不平衡，最大的不充分就是农村发展的不充分，其中表现为农村大量资源的利用不充分。衡阳搭建城乡产业运营平台的目的就是打破城乡二元分割，从实际来看，也确实取得了一些成效，这个改革应

该是经得起时代考验的。

二是有规律性。党的二十大报告里面提到"共产党执政规律、社会主义建设规律、人类社会发展规律"三大规律，可见衡阳搭建城乡产业运营平台的方向是对的，是这个时代大势所趋。供销合作社的使命就在于完成好党和政府交办的任务，发挥其独特优势去做市场经济条件下做不了的事情，去打破城乡信息不对称和诸如种粮成本高、劳动力缺失等"三农"痛点问题。

三是有惠民性。城乡产业运营平台真正做到了以农民为主体，做到了把更多的人口、增值利益和就业岗位留在农村、留给农民，通过盘活利用农村的闲置资产以及组织化、规模化的平台运营，让留在农村的人民群众直观地看到了农村面貌有了实实在在的变化，真正有了更多获得感，同时也从内心感受到我们党强大的执政能力和领导能力。

第三部分　供销合作社"双线运行"治理专题研究

一、供销合作社"双线运行"机制的指导思想和重点任务

（一）指导思想

以习近平新时代中国特色社会主义思想为指导，全面贯彻党的二十大精神，牢固树立新发展理念，坚持供销合作社为农、务农、姓农的根本要求，坚持稳中求进工作总基调，坚持高质量发展，紧密围绕乡村振兴战略布局，全面贯彻落实《中共中央、国务院关于深化供销合作社综合改革的决定》（中发〔2015〕11号）文件要求，以密切与农民利益联结为核心，以提升为农服务能力为根本，以强化基层社和创新联合社治理机制为重点，按照政事分开、社企分开的方向，因地制宜推进体制改革和机制创新，切实发挥供销合作社系统是党和政府密切联系农民群众的桥梁纽带功能，有效促进供销合作系统在全面推进乡村振兴和加快农业农村现代化中发挥积极作用。

（二）重点任务

《中共中央、国务院关于深化供销合作社综合改革的决定》（中发〔2015〕11号）文件第四条指出："联合社是供销合作社的联合组织，肩负着领导供销合作事业发展的重要职责。各级联合社要深化体制改革，创新运行机制，理顺社企关系，密切层级联系，着力构建联合社机关主导的行业指导体系和社有企业支撑的经营服务体系，形成社企分开、上下贯通、整体协调运转的双线运行机制。"

1．构建联合社主导的行业指导体系

中华全国供销合作总社要充分发挥领导全国供销合作事业发展的作用，贯彻落实党中央、国务院"三农"工作方针政策，研究制定发展战略和规划，指导服务全系统改革发展，代表中国合作社参与国际合作社联盟事务。省级和市地级联合社要加强本区域内供销合作社的行业管理、政策协调、资产监管、教育培训，贯彻落实好上级社和地方党委、政府的决策部署。县级联合社要组织实施好基层社改造，强化市场运营，搞好直接面向农民的生产生活服务网点建设。

加强联合社层级间的联合合作，强化联合社为成员社服务、为基层社服务的工作导向。落实县级以上联合社对成员社的资产监管职责，建立成员社对联合社的工作评价机制，完善联合社对成员社的工作考核机制。做实供销合作社合作发展基金，各级联合社当年社有资产收益，按不低于20％的比例注入本级供销合作社合作发展基金。省、市地、县级联合社在自愿的基础上，将本级合作发展基金的一部分上缴上一级联合社合作发展基金，统筹用于基层社建设和为农服务。抓紧制定合作发展基金运行和管理办法，确保出资成员权责明确，基金运行公开透明、规范高效。

2．构建社有企业支撑的经营服务体系

深化社有企业改革，规范治理结构，增强社有企业发展活力和为农服务实力。加快完善现代企业制度，健全法人治理结构，建立与绩效挂钩的激励约束机制。加强各层级社有企业间的产权、资本和业务联结，推进社有企业相互参股，建立共同出资的投资平台，推动跨区域横向联合和跨层级纵向整合，促进资源共享，实现共同发展。推进社有企业并购重组，在农资、棉花、粮油、鲜活农产品等重要涉农领域和再生资源行业，培育一批大型企业集团。社有企业改革要公开透明、规范操作，要有"防火墙""隔离带"，切实防止社有资产流失。允许上级社争取的同级财政扶持资金依法以股权形式投入下级社。支持社有企业承担化肥、农药等国家储备任务，鼓励符合条件的社有企业参与大宗农产品政策性收储。

3．理顺联合社与社有企业的关系

联合社机关要切实把握好社有企业为农服务方向，加强社有资产监管，促进社有资产保值增值；社有企业要面向市场自主经营、自负盈亏。各级供销合作社理事会是本级社属资产和所属企事业单位资产的所有权代表和管理者，理事会要落实社有资产出资人代表职责，监事会要强化监督职能。联合社机关成立社有资产管理委员会，按照理事会授权，建立社有资本经营预算制度，并接受审计机关和同级财政部门的监督，以管资本为主加强对社有资产的监管。采取委派法人代表管理和特殊管理股权管理等办法，探索联合社机关对社有企业的多种管理方式。探索组建社有资本投资公司，优化社有资本布局，重点投向为农服务领域。在改革过渡期内，联合社机关参照公务员法管理的人员确因工作需要，经有关机关批准可到本级社有企业兼职，但不得在企业领取报酬。

4. 创新联合社治理结构

按照建设合作经济联合组织的要求，优化各级联合社机关机构设置、职能配置，更好运用市场经济的手段推进工作，切实履行加强行业指导、落实为农服务职责、承担宏观调控的任务。稳定县及县以上联合社机关参照公务员法管理。对参照公务员法管理的联合社机关新进的相关工作人员，按照公务员法有关规定，经批准可探索实行聘任制。允许不同发展水平的联合社机关选择参公管理模式或企业化管理模式。对实行企业化运营的，应该进行不再纳入编制管理的试点。管理模式的选择和开展试点要积极稳妥，严密程序，经批准后实施。大力发展行业协会，实现协会与联合社融合互补、协同发展。

着力推进县级联合社民主办社、开放办社，逐步把县级联合社办成基层社共同出资、各类合作经济组织广泛参与、实行民主管理的经济联合组织。创新县级联合社运行机制，逐步建立市场化的管理体制、经营机制、用人制度，选择有条件的县级联合社进行实体性合作经济组织改革试点。统筹运营县域内供销合作社资源，打造县域范围内服务农民生产生活的综合平台，着力培育规模化服务优势。

二、基于供销合作社发展历史理解"双线运行"治理机制

（一）供销合作社发展历史上的"三分三合"

1954年7月，召开了中华全国合作社第一次代表大会，将1950年7月成立的中华全国合作社联合总社更名为中华全国供销合作总社，建立了全国统一的供销合作社系统，自此在全国掀起农业合作化高潮。此后到1957年，供销

合作社发展经历了一段黄金时期，随着"三大改造"的完成，一个以供销合作社为骨干，上下连接、纵横交错的全国性流通网络基本形成，遍布全国的供销合作社成为满足农民生产生活需要、组织农村商品流通的主渠道，以及联结城乡、联系工农、沟通政府与农民的桥梁和纽带，对恢复国民经济、稳定物价、保障供给、促进农业和农村经济发展发挥了重要作用。

1958年至1978年，供销合作社发展经历了一段曲折时期，与国营商业两次合并，后又两次分开。这一时期，供销合作社烙有"计划经济"的强烈印记。1982年，中华全国供销合作总社第三次与商业部合并，但保留了中华全国供销合作总社的牌子，设立了中华全国供销合作总社理事会，保留了省以下供销合作社的独立组织系统。这一时期，在党的十一届三中全会以来的路线、方针、政策指引下，在改革开放的宏观环境中，供销合作社在加强为农服务、改进经营方式、提高综合实力和扩大对外交往等方面取得了可喜的成绩，供销合作社事业得到较大发展，为改革开放初期我国农业和国民经济的发展作出了很大贡献。1995年2月，党中央、国务院从农业、农村经济发展需要出发，决定恢复中华全国供销合作总社，《关于深化供销合作社改革的决定》（中发〔1995〕5号）文件明确了供销合作社的性质、宗旨、地位和作用，提出了支持供销合作社改革发展的若干政策措施。

20世纪90年代是供销合作社发展的转折时期，在市场经济大潮和其他内外部事件的夹击下，供销合作社从1992年到1999年连续8年亏损，580万职工下岗、内退，网点急剧减少，股金风波骤起。1999年，《国务院关于解决供销合作社当前几个突出问题的通知》（国发〔1999〕5号）正式出台，供销合作社的工作重点转向了扭亏增盈。2000年，全系统扭亏为盈，实现利润13.77亿元，2001年实现利润16.39亿元，2002年达到28.6亿元，这意味着经过市场经济的考验，供销合作社终于适应了新形势，但是其传统优势也遭受重创。

21世纪之初的10年，是供销合作社系统重新崛起的重要转折点。2002年，改革重点是对基层社、社有企业、联合社和经营网络进行的"四项改造"。2006年启动的新农村现代化流通网络工程是供销合作社参与建设社会主义新农村的战略部署。这10年，供销合作社坚持开放办社，恢复民主治社，探索社企分开制度，改造重建基层网络，不仅成功化解了供销合作社的生存危机，也为供销合作社建立与市场经济相适应的体制机制进行了有益探索，积累了丰富经验。为了解决深层次的体制机制问题，《中共中央、国务院关于深化供销合作社综合改革的决定》（中发〔2015〕11号）于2015年4月发布，为新时代供销合作社的改革发展勾画了蓝图、指明了方向，处理好联合社机关和社有企业的"双线运行"是新时代的要求，也是供销合作社自身发展的需要。

（二）"双线运行"机制是一项重大的制度性创举

经过近百年发展，供销合作社从下而上逐渐形成基层社、县、市、省、国家各级联合社机关及各级社属企业（也包括事业单位）这样一个层级清晰、成分多元、产权混杂、功能多样、运行有序的组织架构体系。如何对这个庞大体系进行改革完善，建成强有力的"联合""合作"共同体，是一直以来艰苦探索的课题。

计划经济时期，主要采取以各级联合社机关居支配地位的改革，这个时期的社有企业因承担了政府委托的太多职能而呈现出浓厚的"行政化"色彩。供销合作社退出政府序列后，各级供销合作社开始加快进入"民办"进程，社有企业的改革成为主旋律。

进入新时期，中华全国供销合作总社着重选择了"社企融合发展"的模式，提出最终要把供销合作社打造成实体性合作经济组织。"双线运行"制度设计具有开创性和突破性，体现在：其一，各级联合社机关实行与社有企业完全不同的参公管理，既体现了时代的继承和发展，也契合新形势；其二，"双线运行"实现"政企分开、政事分开"，既贯彻了党的十八大和十八届三中全会为我国各行各业体制改革制定的政治"红线"要求，又保持了联合社的稳定运行，较好地融合了供销合作社一局一域的改革与国家全局改革的关系。因此，这一重大创举对于规范供销合作社治理结构，增强内生动力和发展活力，建立起更加灵活高效、更加符合市场经济要求的体制机制，必将产生深远的历史意义。

（三）理解"双线运行"治理机制的关键词

"双线"，即联合社和社有企业两条线，也指行业指导一条线、经营服务一条线。行业指导这条线由县以上供销合作社联合社构成和承担，是参公管理的政府直属事业单位；经营服务这条线由各级社有企业构成和承担。各地应按照"政事分开、社企分开"的方向因地制宜推进体制改革和机制创新。

"主导"，指构建供销合作社的行业指导体系是由各级联合社机关来主导的。根据1954年的联合社章程，我国供销合作社的各级联合社是逐级由下而上缴纳一定数量的股金联合建立起来的，不仅是组织上的联合，也是经济上的联合，从而形成"上级社为下级社服务、联合社为基层社服务"的传统。下级社是上级社的基础；反之，联合社及其机关是下级社的依托。各级联合社肩负着领导供销合作事业发展的重要职责，担当着行业发展的规划、指导、协调、监督、职务职能，处于整个供销合作社系统的"中枢"环节。联合社机关主导行业指导体系，是为了强化联合社为成员社服务、为基层社服务的工作导向，也是为了把握社有企业服务"三农"的政治方向，引导社有资本更多投向为农服务领域，这是党和政府对于供销合作社系统发挥密切联系农民群众作用的要求，也是新时代供销合作社系统的存续逻辑和价值所在。

"支撑"，是指构建供销合作社经营服务体系要以社有企业为支撑。县以上各级供销社联合社出资兴办的社有企业，是供销合作社经济属性的集中体现，是供销合作社系统的经济基础和服务"三农"的直接抓手。作为供销合作社的企业，社有企业兼具经营性和公益性职能，其特殊性在产权上，体现为由供销合作社控股或参股；在经营上，体现为涉农或惠农领域；在理念上，体现为不单纯追求利益最大化，更以服务为先、以助农为要；在治理结构上，体现为供销合作社理事会对政府意图的理解和执行。像这样负有特殊使命的特殊企业，其改革无论怎么进行，都必须要坚持"为农服务"的宗旨。否则，不向农民让利，甚至成为盘剥农民、与农民争利的公司，供销合作社就失去了其存在的意义，社有企业的特殊性也就不复存在。这就是说，供销合作社构建经营服务体系时，如果不以社有企业为"支撑"，这个经营服务体系的性质就会发生改变，甚至供销合作社的性质都会改变。实践也已证明，多年来，正因为社有企业支撑了供销合作社经营服务体系，才实现了为农服务、助农增收和稳定农村流通。供销合作社"双线运行"的治理机制如图6所示。

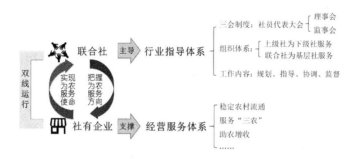

图6 供销合作社"双线运行"的治理机制

三、供销合作社构建"双线运行"机制存在的问题

供销合作社构建行之有效的"双线运行"现代治理机制的关键在于实现社企分开、上下贯通的整体协调运转,以及坚持供销合作社"为农、务农、姓农"的质性规定。通过各地基层调研发现,随着供销合作社综合改革的深化,实践中显现一些问题,制约着"双线运行"机制的构建实现和切实运转。

(一)社有企业为农服务能力有所提升,但为农服务实力不强

构建"双线运行"机制要求以社有企业支撑经营服务体系,体现出社有企业是供销合作社为农服务的重要载体,也是为农服务的直接提供者。推行供销合作社综合改革专项试点以来,一些地区供销合作社系统在农村电商、农村土地、农村产权、农村会计等方面为农服务能力有所提升。以四川省为例,传统社有企业引入电商业务,对基层经营服务网点进行信息化改造,发展农产品电子商务,提供多种形式的产销对接,帮助小农户特别是深度贫困地区的农户解决农产品"卖难"问题;因地制宜推出"土地托管""订单式""保姆式"等规模化、专业化农业社会化服务,成立农村产权流转交易中心和农村产权抵押融资担保、资产收储等专业化公司,建成市、县、乡、村4级农村产权流转交易市场服务体系和农业农村会计服务中心,提供财物服务、会计监督、帮民办事、帮社记账、帮村理财等为农服务工作。但基层调研中也发现,在社有企业为农服务能力提高的同时,其为农服务整体实力不强的问题却更加凸显,导致其业务发展受限,经济效益不高,为农服务效果名存实亡或难以为继。比如在

进行土地托管服务中，受制于自身实力不足，土地托管形式单一，对托管后的土地不能有效利用，社有企业实则未能真正促进农业产业发展；或者在提供农业农村会计等专业服务中，由于缺乏专业人才，导致整体业务层次较低、专业化水平不高。

另外，各地发展不平衡现象也较为严重，很多地区社有企业存在"没钱办事、没人干事、不敢行事"的问题。其一，目前全系统各类法人企业中有71.3％的企业主营农业生产资料、农副产品、日用品消费品、再生资源等传统批发和零售贸易，业务结构单一，品牌服务、技术服务、优质服务等含量低，农资供应、农机服务、农产品流通等经营服务领域不广，社有企业的市场占有率不高，无法与民营企业竞争，盈利能力较弱。多数社有企业收入来源以资产经营为主，主要依靠政策支持弥补亏损，在逐步推向完全市场化的今天，企业生存尚是问题，何谈为农服务。其二，从联合合作看，各层级间的社有企业大多各自为政，与农民专业合作社和农户的利益联结也不够紧密，没有形成为农服务的联合机制。其三，经过多年发展，全系统社有企业呈现数量大但盈利企业少的态势，社有资产积累量大，但质量不高、利用低效，因缺乏改造、整合、运营、管理能力而多以"收租"获取收益，更谈不上开展为农服务。其四，一些社有企业虽然建立了公司制，但存在股东会设置虚化、董事会责任淡化、监事会功能弱化的情况，实则并未真正形成权责统一、运作协调、有效制衡的企业法人治理结构。另外，社有企业岗位考核制度、资产管理制度等现代企业管理制度不完善，内部控制不规范，制度执行不严格的问题也较为突出，导致人员没有依据"不敢干事"，或者没有激励"不愿干事"，企业发展受到限制，何谈提升为农服务实力。

（二）联合社行业指导体系逐步建立，但行业指导功能不足

构建"双线运行"机制要求联合社机关主导行业指导体系，以强化联合社为成员社、基层社服务的工作导向，确保社有企业服务"三农"方向，引导社有资本更多投向为农服务领域。基层调研发现，近几年，在深化供销合作社综合改革的努力下，联合社机关运行机制逐步建立，机关内部机构设置和职能配置得到调整优化，社有资产监管体制改革有序推进，但在部分改革事项上进展缓慢，制约了联合社行业指导功能的发挥。其一，在社有资产监督管理、社有企业考核激励与监督问责等机制建设方面尚不完善，在供销合作发展基金、农

村资金互助社等资金储备与流转建设方面力度不足,导致资金运转效率低下、运转方式滞后,难以有效发挥资金在撬动农业农村发展中的重要作用,难以有效引导社有资本投向为农服务领域以推动农业产业发展。其二,虽然在创新联合社治理机制方面取得一些进展,但在政策研究、经济发展、互助合作、审计绩效等方面,联合社的行业指导功能仍有不足,同时各地发展不平衡现象也较为突出。其三,值得注意的是,从县级和镇级而言,一些基层社的发展逐步偏离合作制的发展方向,呈机关化和企业化发展态势。许多县级基层社机关化管理,镇级社某种程度上成为县级社的派出单位,市级社财政主要靠拨款,镇级社财政靠房租,市基两级工作人员旱涝保收,"干好干坏一个样","混日子"思想严重,导致供销合作社机关系统发展动力不足,加之人员结构总体年龄老龄化、能力弱化、思想僵化,致使联合社机关系统缺乏对完善行业指导功能的长远规划,未能充分发挥为农民服务、为政府担忧的强引擎作用。

(三)"社企分开"体系初步建立,但理顺社企关系仍有难点

"政事分开、社企分开"是供销合作社综合改革必须要解决的体制障碍,也是当前改革所面临的症结所在。实现"双线"高效协调运转的关键在于构建新型社企关系,同时,这也是构建"双线运行"机制的难点所在。

基层调研发现,近几年,各地按照中发11号文件要求,结合自身实际,积极探索组建社有资产管理委员会,理顺社企资产和职能关系,将原社有资产登记到供销商业有限公司名下,突出县供销社机关的行业管理职能,明确供销商业有限公司的经营服务作用。但是,调研中也发现,由于一些历史遗留问题或现实障碍,理顺社企关系仍有难点,造成部分地方并未真正实现"社企分开",未建成联合社机关与社有企业双向服务机制,未形成"双线"的"分力"与"合力"。

为厘清个中缘由,首先应该认识到,有效的新型社企关系应该是联合社既能把社有企业"管得住",也能"管得好"。所谓"管得好"是指要把社有企业经济实力是否得到提升、社有资产是否实现保值增值、供销合作事业是否实现快速发展作为检验"双线运行"机制是否有效发挥作用的重要标准。把社有资产管好守好,把社有企业做大做强,真正激发社有企业内在发展活力,使其在激烈的市场竞争中发展壮大,才能为为农服务提供更坚实的基础。目前,供销合作社理顺社企关系的难点也正体现于此。其一,资产老破小散和无证房产确

权难是市、区两级供销合作社普遍存在的共性难题，产权关系不明晰是造成社有资产流失的主要原因，严重影响供销合作社权益。自供销合作社综合改革试点以来，剩下的社有资产大多呈分散和零碎状态，难以形成规模合力。其二，计划经济时期所明确的集体所有，进入市场经济以来没有被赋予新的所有权定义，导致长期以来社有资产产权代表多元化，政府、社员、社会个体等都代表供销合作社行使社有资产所有权，但实际上又没有人真正对社有资产承担责任，造成难以开展有效的社有资产监督管理。其三，目前联合社与社有企业的职责边界尚不够清晰，在管理上理顺社企关系的难点在于县级联合社对其下属的基层社、社有企业的管理方式。一些县级联合社组建的所谓"集团公司""一县一社"实则是直接插手基层社和社有企业的经营管理，呈现机关化管理，下属基层社实则成为县级社的派出单位。按照现行体制，县级联合社不可能去行政化，其行政管理"求稳怕乱"特征如何适应下属企业要面对瞬息万变市场的需求，是双方寻找管理与被管理契合点的关键。社有企业只有盈利，才能生存发展，继而更好地服务"三农"。片面强调县级联合社行政管理，不敢让社有企业面向市场自主经营、自负盈亏，实则并未真正实现"社企分开"。

（四）基层组织得到建设发展，但带动能力有待提高

基层组织是供销合作社完成党和国家任务及履行使命的前沿阵地。在改革开放前期，由于不适应社会主义市场经济，曾经红火的基层供销合作社一度陷入沉寂。随着我国新型城镇化和农业现代化建设不断推进，现有的农业服务体系无法满足农民生产生活需求，供销合作社作为党和政府做好"三农"工作的重要载体，必须重塑基层组织体系，夯实农村经济联系网络，提升为农综合服务水平。近年来，各地供销社系统大力建设基础组织，在农村经济服务、农业社会化服务和精准扶贫方面发挥重要作用。比如，四川省因地制宜探索建立了生产、供销和信用合作"三位一体"的新型农村合作经济组织联合会，多地农合联的组织机构已延伸至乡镇甚至村级，发挥了农合联综合服务平台作用，提高了农民生产组织化程度；通过建设"县、乡、村"三级惠农综合服务平台，为农民合作社、专业大户、家庭农场以及农民个人提供金融、技术、信息、管理、农资直供、产品直销等综合服务；通过争取扶农助农政策、资金，引入农业龙头企业和电商企业等多种方式，支持和帮助贫困户脱贫致富。

供销合作社系统基层组织得到快速建设发展的同时，也暴露出一些问题。调研发现，由于涉及面广、认识混乱，基层组织在各地的建设情况不一。部分地区基层组织社员数量少、合作联系不够紧密、服务辐射范围狭窄、带动能力弱等问题突出，一些偏远乡镇还处于"有牌无人"的尴尬境地。另外，随着供销合作社综合改革的推进，目前改革已进入"深水区"，体制机制的矛盾逐步显现。其一，供销合作社无行政权，总体上讲是个边缘部门、弱势部门。国务院曾提出供销合作社要成为农业社会化服务的骨干力量、农村现代流通的主导力量、农民专业合作的带动力量，但目前管理专业合作社的职能不在供销合作社，政策上无抓手。其二，供销合作社无资金分配权，补助资金或参股资金基本需要自筹，在自我生存都有困难的情况下，要带动专业合作更是力不从心。其三，其他政府部门对供销合作社的认知有限，认为供销合作社职能可由其他部门替代，没有存在的必要，造成供销合作社工作完成有一定阻碍，难以提高带动能力。

四、推进供销合作社"双线运行"机制构建的对策建议

目前供销合作社还存在与农民合作关系不够紧密、综合服务实力不强、层级联系比较松散、体制没有完全理顺等问题，亟须进一步深化综合改革。构建行之有效的"双线运行"机制，核心要义在于解决供销合作社系统"有钱办事、有人干事、上下合力"的问题，目标在于激发供销合作社的内生动力和发展活力，促进供销合作社系统提升运作效率、增强为农服务综合实力，把供销合作社系统打造成为与农民联结更紧密、为农服务功能更完备、市场化运行更高效的合作经济组织体系，成为服务农民生产生活的生力军和综合平台，成为党和政府密切联系农民群众的桥梁纽带，能够切实在农业现代化建设中发挥优势和作用。

（一）夯实社有资产基础，增强高质量发展后劲

一是搭建社有资产信息化管理平台，加强对供销合作社人、财、物的数字化管理，通过"社有资产＋互联网"模式，提升管理效能和发展活力。二是通过全面清查、登记造册摸清社有资产底数，并将资产分布录入县供销社资产管理平台，利用数字技术切实做到底数清、情况明，管好社有资产"明白账"。

三是对由于历史原因造成社有资产被第三方侵占等情况，借助扫黑除恶专项斗争，积极争取市级部门支持以及聘请第三方律师团队，为供销合作社资产确权提供保障，防止社有资产流失。四是加快社有资产改造，尤其是旧危房改造项目，"以点带面"逐步突破，通过公开招租、公平竞价、规范产权转让和处置等市场化运作，提高社有资产收益，确保社有资产保值增值。五是整合社有资本投资运营公司，优化资产结构，通过股权运作、价值管理、有序进退，促进国有资本合理流动，建立优胜劣汰市场化退出机制，加快处置低效无效资产，提高社有资本投资效率。六是创新联合社对社有资产的监管方式，建立健全监督约束机制，包括内部监督和外部监督，加快建立第三方审核机制，建章立制，采取常态监管、动态监管等举措，不定期组织开展社有资产清查。

（二）夯实人才队伍基础，打造高质量发展"人才引擎"

通过"引进、培育、共建"来打造供销合作事业高质量发展所需的人才队伍。一是制定基层社招录人员管理办法，招录财务、国际经济与贸易、市场营销等供销合作事业专业对口人员，优化人员结构；二是推行年轻干部"上挂下派"等培养机制，从系统内部培养"能干事、想干事、敢担事"的年轻干部；三是通过举办讲座、培训班等方式，在内部培训中小企业股权融资、股权激励、税务等现代流通专业知识，提高现有人员素质；四是与高校、农业企业共同建设供销合作智库，通过智库发掘和培养具有创新思维的为农服务人才，建设供销合作事业高素质人才库。

此外，必须建立高效激励机制，以释放人才干事创业活力。摸清全区域基层社行政岗位人员工资福利现状，召开意见征求座谈会广泛听取联合社机关、基层社、离退休人员、人力资源和社会保障等相关单位意见，制定同岗同酬、多劳多得的行政岗位人员工资福利制度；对于基层社，应强化绩效考核，进一步规范基层社工资福利，有效激活基层社的内生动力。

（三）加快基层组织建设，筑牢为农服务阵地

基层社是供销合作社为农服务的前沿阵地，是行业指导体系和经营服务体系在基层的交汇点和融合体，应聚焦基层工作短板和薄弱环节，强化基层工作手段，创新为农服务方式，提升为农服务效能，加快构建起覆盖面广、适应性

强的基层组织体系和综合性、规模化、可持续的为农服务体系。

一是强化基层社组织管理。面对基层乡镇行政区划变迁，适时调整基层社组织管理体系，协调所属乡镇和市（县）区有关职能部门，保证基层社组织体系健全，管理隶属关系明晰。二是完善基层社经营服务。强化政策扶持和项目带动，以省级联合社为依托，整合涉农服务资源，积极探索社有企业领办、农民专业合作社共建、基层经营服务网点改造提升等多种形式，发展新型基层社；依托基层社网点资源，整合农产品流通、仓储、配送功能，打造线下实体店与线上销售融合发展的新业态；通过建设农药配供中心、包装废弃物回收中心、农业社会化大数据中心、农产品销售实体网点和仓储配送中心等平台，"想农民所急、帮农民所需"，提供土地托管、统防统治、收储加工、配方施肥、电子商务、农村合作金融、农技指导、农民培训等多元化服务，进一步扩大和提升基层社经营服务的辐射范围和能力，加强农民参与，增进基层组织与农民的联系。三是健全利益分配机制。发挥村"两委"的政治优势和组织优势，发挥供销合作社的网络优势和经营服务优势，以基层社为主要平台，以会计服务为主要纽带，加强与村集体经济的利益联结，与村"两委"联合发展特色产业和农村流通，加快打造为农服务"一条龙"、现代流通"一张网"、供销社系统"一个社"，按照"多予少取放活"方针，推动农民的合作与联合，筑牢供销合作社为农服务阵地。

（四）激发社有企业活力，提升为农服务实力

社有企业作为供销合作社经营服务体系的支撑，是供销合作社经济实力和为农服务能力的重要体现，社有企业的发展活力直接决定了"双线"能否有效运作。一是围绕"做大总量、培育增量、优化存量、提升质量"的工作思路，推进社有企业高质量发展。通过夯实优势主业、加强联合合作、狠抓项目建设做大总量；通过拓展经营领域、扩大市场区域、加强资本运营、输出品牌模式培育增量；通过梳理资产、厘清权属挖掘存量，通过盘活资产优化存量；通过优化布局、强化治理、防控风险提升质量。通过社有企业触角的延伸将供销合作社的网点深入到各个层面，扩大供销合作社系统与农民的接触面，更好地为"三农"服务。二是完善现代企业制度，规范法人治理结构，建立与绩效挂钩的激励约束机制。采取经营者和职工持股、引进社会资本等多种形式，加快发展混合所有制企业，实现资产增值、利税增长、职工增收，不断增强社有企业

发展活力。三是推进社有企业分类改造，对规模大、资产多、实力强的企业，通过吸引国有、集体或民营投资主体，培育一批龙头骨干企业；对经营业态新、发展前景好的企业，创新经营机制，使其效益最大化；对规模小、基础差、实力弱的企业，放开搞活。对符合上市条件的企业，培育上市。社有企业改革要公开透明、规范操作，切实防止社有资产流失。四是加快企业集团化发展步伐，把社有企业做强、做优、做大，提升规模经营实力和抗风险能力。以资产为纽带，加快推动跨区域横向联合和跨层级纵向整合，加强各层级社有企业间的产权、资本和业务联结，实现社有企业相互参股，打造流通"航母"。推进社有企业并购重组，培育一批主业突出、具有行业引领能力的大型企业集团。五是加快推进社有企业产业升级和商业模式创新，积极培育新业态和新模式，整合系统优势资源，延伸产业链条，开展差异化营销，积极拓展经营业务，实现向以信息化为支撑的现代流通业态的转型，向多领域综合经营服务的转变。六是社有企业在面向市场自主经营、自负盈亏的同时，要坚持为农服务根本宗旨，积极承担化肥、农药等重要物资的国家和地方储备、救灾储备任务，以及大宗农产品政策性收储。

（五）密切各层级间联系，形成上下贯通合力

供销合作社要突破现有"干事没政策、发展没资源"的困境，就要眼观八方、系统联合，与强的联、与优的合、与大的靠，借势借力，合作发展。通过体制机制的不断完善，将供销合作社力量的千条线拧成一股绳。创新中华全国供销合作总社以及省、市、县各级联合社的治理机制，明确各级社的职能，密切各层级间的联系，形成上下贯通合力，发展好一方供销合作事业。

一是建立上下级社的工作考核评价机制。健全上级社对下级社工作考核、下级社向上级社述职并接受上级社评议的制度，将考核情况通报当地党委、政府。探索建立下级社对上级社的工作评价机制。落实县级以上联合社对成员社的资产监管职责，建立社有资产监督管理体系。整合系统资产优势，引导上下级社通过资产、股本、技术、品牌等经营要素相互参股，形成经济利益共同体，做实供销合作社合作发展基金。二是把准社企分开方向。供销合作社职能、产权等方面的特殊性，决定了社企分开在根本上不同于政企分开。各级供销合作社联合社是经济组织，社企分开不是把社有企业从联合社剥离出去，而是要通过"双线运行"实现联合社机关与社有企业各司其职、协调运转，厘清

联合社对社有企业监管的权力责任清单,厘清职责边界,使联合社机关更好地把握为农服务方向、推动社有企业更好地参与市场竞争、促进社有资产实现保值增值。三是通过"双线运行"实现"合""活""强"。"合"包括资源的整合、纵向的结合、横向的联合、与外部的融合,通过"合"实现"活",把资产盘"活"、把服务搞"活"、把人员用"活",促进为农服务实力增"强"、供销合作事业做"强"。四是凝聚发展合力。与其他政府部门合作,为农产品种植户提供技术指导,打造新品牌新亮点,组织开展农业技能培训和比赛等,促进与农户的联结;依托供销合作社平台,联合其他单位推出普惠职工项目,协调单位发放过节福利优质农产品。与当地银行、邮政公司等开展战略合作,在结算、支付、平台、福利等业务打造供销金融特色网点,共同搭建移动支付"新场景"、普惠金融"新阵地",推动建立农村电子商务服务体系。加强与兄弟市、县供销合作社的联合合作,整合系统服务资源,共建产业和服务项目,建立农产品产销对接平台,畅通农产品销售渠道,做到信息互通、资源共享、平台共建。充分利用党建优势,通过乡镇党委政府和村两委带动,建设村级供销合作社,大力推行"供销合作社＋农民专业合作社＋村集体经济"模式,联合村两委共上产业项目、共建综合服务社,做好土地流转、技术培训、农产品销售等为农服务工作,推动农村集体经济发展、农民增收致富以及美丽乡村建设。

五、供销合作社"双线运行"现代治理典型案例

近年来,江苏省江阴市供销合作社坚持以习近平新时代中国特色社会主义思想为指导,以党的建设引领高质量发展,按照"政府所需、农民所急、供销所能"原则,全面融入"三农"工作大局,以深化综合改革为主线,创新创优,积极探索县域供销合作新路径,以优化"双线运行"机制引领"市基一体化"高质量发展,打造供销新动能,争当乡村振兴排头兵;荣获全国百强县级社、全国金扁担改革贡献奖,连续六年获无锡市供销合作总社综合业绩考核第一名,在江苏全省供销社系统综合业绩评价中入选二十强县级供销合作社,江苏省人力资源和社会保障厅和江苏省供销合作总社授予其江苏省供销合作社系统先进集体奖,江阴市委农村工作领导小组授予其"服务乡村振兴优胜单位"和"十佳结对帮扶薄弱村工作先进单位"荣誉称号。

（一）改革强社，构建上下贯通组织体系

为推进供销合作社综合改革，构建上下贯通组织体系，江阴市供销合作社在拓展经营服务领域、推进基层组织改造、创新综合治理机制、加快社有企业转型升级等方面全面规划部署。

1. 恢复对基层社的管理，理顺基层社组织关系

1999 年的"股金风波"（社员挤兑）后，为保护乡镇资产，江阴市供销合作社的 29 个基层社全部放归乡镇管理。2014 年，江苏省政府办公厅下发《关于全省供销合作社综合改革试点工作的意见》，江阴市供销合作社被列入全省 13 个综合改革试点单位。2015 年 1 月 1 日，江阴市供销合作社恢复了对全市 29 个基层社的管理，理顺了市总社、镇（街道）社、基层社三者的关系。

2. 组建区域性供销合作联合社，提升基层社组织体系

为提升基层社工作的规范性和服务"三农"的能力，江阴市供销合作社以资本为纽带，整合资源，组建 6 家区域性供销合作联合社。明确区域性供销合作联合社作为区域范围内若干个基层社的共建共管平台，是具有法人主体地位的区域性合作经济组织。明确联合社和基层社的关系，区域性供销合作联合社接受江阴市供销合作社领导并服务于基层社，联合社与基层社实行"五保留五统一"制度。即基层社落实"五保留"，保留基层社牌子，保留基层社法人主体，保留基层社账务单独记账，改制人员及历史遗留问题仍保留在原基层社处理，离退休人员工资、福利等支付标准及支付渠道仍保留在原基层社；联合社的日常工作实行"五统一"管理，统一规划发展、统一管理人员、统一管理资产、统一管理收支、统一绩效考核。从而构建了"市社—联合社—基层社"三级管理体制。联合社设立理事会作为日常管理机构，设立监事会作为日常监督机构，通过章程约束区域范围内若干个基层社相互监督、互相支持、共建共管，发挥联合社事业发展、统筹协调、行政管理等职能。通过组建区域性联合社，人员、资源得到整合，工作灵活性得以增强。

3. 完善规章制度建设，规范上下治理结构

2017 年，江阴市委、市政府出台《深化供销合作社综合改革实施意见》，围绕建成多层次合作组织体系、高水平为农服务体系、规范协调的管理指导体系，深化综合改革。2018 年 5 月 20 日至 21 日，江阴市供销合作社召开了第

五次社员代表大会，选举产生了新一届的理事会、监事会，健全完善"三会"制度。另外，江阴市供销合作社制定了《关于基层社在册行政岗位管理人员工资报酬的实施意见》《联合社基层社财务管理制度》《限额以下工程招投标管理办法》等规章制度，从体制机制入手，统筹规划，强基固本，为构建上下贯通的组织体系强化了内部机制，实现了五个规范。一是规范投资决策。江阴市供销合作社建立社有资产管理委员会重大事项决策执行流程，严格落实党委议事决策机制，明确重大事项决策、项目投资、大额资金使用等均须经党委集体讨论作出决定；落实法律顾问制度，提供日常经营管理事务的法律意见、法律咨询等。二是规范社有企业管理。江阴市供销合作社严格依照公司法和公司章程，实行经理层对董事会负责、董事会对股东会负责的制度，经理层、董事会、股东会各负其职，相互监督；江阴市供销合作社在社有企业经营中仅以股东形式参与管理，按股权比例行使权利，实行"管资产"到"管资本"的转化，确保企业持续健康发展。三是规范财务制度。出台基层社和社有企业财务管理制度、经费审批制度、业务接待制度、出差管理办法、固定资产管理办法等，规范财务流程并不定期检查整改，加强内部控制和监督。四是规范考核机制。江阴市供销合作社制定社有企业经营者业绩考核和激励约束办法，加强任期管理和目标考核，业绩上做到以月保季、以季保年。考核上，销售人员与绩效挂钩、行政管理人员与公司业绩挂钩，做到个人所得、公司利润和股东利益相统一，岗位上做到能者上、庸者下、平者让。五是规范监督审计。江阴市供销合作社出台《关于加强江阴市供销合作社出资公司监督管理实施办法》，对全资公司、控股公司和参股公司明确了监督内容，对公司章程的制定或变更、重大事项请示报告和董事、监事、高级管理人员薪酬待遇等进行监督和内控管理；聘请第三方审计事务所按照"从严从细"要求对全资和控股公司进行专项审计，从审计中发现问题，从问题中抓好整改，从整改中规范制度。

4. 搭建投融资平台，强化镇、社、村、农联系

为有效解决基层社改造资金，扶持优质项目，江阴市供销合作社成立了系统全资公司江阴澄合投资管理有限公司，注册并实缴资金 3250 万元，2022 年股东按年化 6.15% 分红，并筹划下一步入股实体公司运作。作为省级"三会"制度专项试点，江阴市供销合作社通过召开社员代表大会，提升系统上下精气神。2018 年第五次社员代表大会的 113 名社员代表中有 68 名是各镇（街道）规模列入前三名的合作经济组织、家庭农场、种养大户、农业龙头企业代表，9名部委办局的系统外特邀监事也莅临会议。通过此次社员代表大会，增强了社员代表们的归属感，也让各界看到了江阴市供销合作社的朝气、活力和潜力。9名系统外特邀监事以此职务为荣，主动承担与江阴市供销合作社的沟通协调工作，江阴市供销合作社干事创业的社会资源得到了极大拓展，镇、社、村、农的联系更加紧密。江阴市供销合作社得以将"网破、线断、人散"的被动局面扭转为充满活力的"上下一张网"，将各自为政、千头万绪的基层"千条线"捻作抱团发展的"一根绳"。

（二）服务立社，增强服务"三农"综合实力

江阴市供销合作社始终坚持为农服务宗旨，强化点面结合全面铺开，积极顺应农业供给侧结构性改革要求，优化和创新服务供给，大力拓展物资流通、农民生产生活服务，全力构建农村现代流通经营网络。

1. 创建"三体两强"基层社，改造为农服务薄弱环节

2016年，江苏省政府办公厅印发《关于加强基层供销合作社建设的意见》指出，要按照"自主经营实体、农民社员主体、合作经济联合体和经济实力强、为农服务能力强"的要求创建"三体两强"示范基层社，改造薄弱基层社，做好综合性农民合作社试点。在基层组织恢复重建过程中，全省供销合作系统采取网点改办、社村联办、社商联办、社民联办、社企联办等多种形式，积极探索多样化的为农服务方式。在重点巩固"一院两超"（庄稼医院、日用品超市、农业生产资料超市）的同时，积极开拓新的服务领域。依托江苏省供销合作总社直属企业苏农集团的"供销网城"电商平台，对基层社进行了信息化改造，为农村居民提供网络代购、农产品销售、手机充值、水电费缴纳、"三农"信息情报等服务，并打造帮助解决农村物流"最后一公里"问题的物流服务站，以及为农民提供取款、转账、消费、缴费等基础金融服务的金融服务站。"三体两强"基层社从单一的日用品、农资经营的商品营销组织向综合性、规模化、现代化的为农服务组织转变，不断探索拓展基层社的服务范围，提高基层社为农服务能力。

2. 成立村级供销合作社，发掘为农服务新阵地

江阴市供销合作社建成华西供销合作社等3个村级供销合作社，推进基层

社分类提升改造。创建 7 家市级现代农业综合服务中心，初步完善了为农服务长效管理机制，2022 年开展农业社会化服务面积达 12 万亩左右，其中全托管服务面积 3.69 万亩。山观供销合作社社会化服务中心建设冷冻库 650 立方米，达到 200 吨牛羊肉储量，冷藏库干货区 120 立方米，水果区 180 立方米。领办合办专业合作社 43 家，不断扩大供销合作社系统为农服务覆盖面，强化与农民的利益联结。成立农村供销合作经济联合会、农产品经纪人协会和农资行业协会，发挥组织指导、信息技术服务作用，举办各类新型职业农民培训班，培训新型职业农民和农产品经纪人 2000 余人次。

3. 做实各类平台载体，拓宽为农服务渠道

农产品销售平台。江阴市供销合作社依托江苏省政府采购平台，集中采购脱贫地区和经济薄弱地区农副产品，设置消费协作专柜、专区，助力消费帮扶；开展企事业单位职工福利团购业务，组织社区团购活动，帮助本地农副产品拓宽销售渠道；澄记优品海外购电商平台引进美团优选作为战略合作伙伴，将其强大的民生农产品供应链优势和供销合作社的优质本地农产品资源嫁接到农商银行 App 上，实现系统、渠道和业务的融合。

农资销售平台。江阴市供销合作社按照"配送中心＋基层网点"的模式，通过自建、合作、参股等方式，完善流通服务网络，搭建农资销售平台；基本建立农药统一主体、统一配送、统一回收、统一拨付的全市农药集中配送体系，确保农药的质量和安全，促使农民农药成本下降 40% 左右。五年来，累计配送农药 10111 万元，共计 2160 吨，回收农药废弃包装物 3068 万件，共计316.86 吨，有效保障了"舌尖上的安全"，减少了农业面源污染；全市建成36 个农资销售网点，积极做好化肥的储备工作，有效应对市场变化，各类化肥保持在 2000 吨左右，基本满足全市农业需求，销售化肥超亿元。

生猪保供平台。江阴市供销合作社积极配合市政府做好生猪保供稳价工作，在 2021 年生猪出栏紧张的情况下，通过点对点、周边省份相互调动等措施，想方设法保障江阴市场猪肉的正常供应。2021 年，累计屠宰生猪约 12 万头，日均屠宰量近 400 头，承担政府冷冻储备肉 200 吨，有效保障了江阴市民的菜篮子需求。

消费扶贫平台。2020 年，江阴市供销合作社举办东西部农产品消费扶贫产销对接会，中国畜产品流通协会、江苏省供销合作总社、无锡市供销合作总社以及无锡市和江阴市领导出席，与东西部供销合作社代表霍城县供销合作社、延川县供销合作社、睢宁县供销合作社及江阴金融机构代表、快递行业代表、消费行业代表进行了合作签约，推进江阴本地农产品与全国优质农产品的资源深度融合与合作发展，实现了"买全国、卖全国、买全球、卖全球"的产业链。江苏澄记优品海外购公司积极对接新疆、延安、青海、重庆、湖北、灌云、睢宁等对口支援地区，2022年销售750万元，澄南联合社的晟通公司全年销售205万元，2023年两公司春节团购均接近230万元，2022年供销社系统自营销售首次接近1000万元。

（三）以企兴社，探索社企协调发展机制

构建供销合作社"双线运行"现代治理机制的核心在于理顺社企关系，协调联合社机关主导的行业指导体系和社有企业支撑的经营服务体系。作为供销合作社系统服务"三农"的直接抓手，社有企业兼具追求效益的经济属性和为农服务的社会属性，怎样在促进社有企业市场活力的同时，又使其不偏离服务"三农"的质性规定，是改革的核心与难点所在。江阴市供销合作社持续深化社有企业改革工作，按照《关于深化供销合作社社有企业综合改革的实施方案》，持续推进各项改革任务实施。

1.发挥联合社点多面广优势，提升社有企业运营机制

2019年，江阴市供销合作社举办"品鉴农优、醉享金秋"江阴市首届名特优农产品展销会，全国160个参展商参加。此后每年组织参加海峡两岸（江苏）名优农产品展销会，提升了江阴农产品美誉度。依托与综合保税区、江阴银行及民营资本共同投资创办的股份制企业"江苏澄记优品海外购商业有限公司"建立展销旗舰店，依托中华全国供销合作总社控股的"宁波海洋经济发展有限公司"在综合保税区规划打造冷链物流中心、财务结算中心和大数据中心，覆盖苏州、无锡、常州、镇江、泰州及南通六大区域，并以O2O方式开展跨境电子商务，重点打造海外购苏南运营中心江阴旗舰店和乡镇连锁店，并向无锡区域拓展，以解决江阴本地农产品销售问题，为江阴市民提供高质量海外优质产品及国内优质农产品。作为无锡对口地区在锡产品指定销售点，江苏澄记优品海外购商业有限公司积极对接新疆、青海、重庆、湖北、延安等东西部协作和对口支援地区，主营全国优质农副产品、地方特产等，依托全国农产

品销售商，推进江阴本地农产品与全国优质农产品资源深度融合、合作发展。在江苏省供销合作总社"鲜丰汇"电商平台开设江阴专馆和第一个县级社实体馆"江阴分馆"，通过"线上＋线下"销售农产品，助力产销对接，帮助农民增收致富。

2. 依托联合社上通下达职能，做大做强为农服务体系

除江苏澄记优品海外购商业有限公司以外，农资公司、农资超市等则以更直观的方式实现了服务向农民延伸。作为江阴市农药集中配送及废弃包装物回收处置项目的实施主体，江阴市供销合作社参股的江农农资有限公司在全市范围内搭建了"1＋36"的农资服务网络，已形成农药配送中心 200 平方米、农药仓储中心 650 平方米以及经过市环保局备案的农药废弃包装物回收处置中心 200 平方米的规模。截至 2022 年底，江农农资公司回收农药废弃包装物 3068 万件。青阳供销生产资料商店主要经营化肥、农药、农膜等农资产品，提供批发直供、散户零售等服务，并为种田大户提供信息发布和技术咨询服务。2022年，青阳供销生产资料商店共销售各类化肥 4000 余吨；2023 年，已组织种田大户外出参观培训 2 次，组织种田大户订购夏季水稻基肥近 600 吨，已入库化肥 450 余吨，直送种田大户水稻肥 80 吨。

3. 调动联合社中枢指挥作用，完善行业指导体系

江阴市供销合作系统通过规范制度抓牢"资本"，通过整合资源提升"资产"，切实把握好社有企业为农服务方向。江阴市供销合作社通过建立社有资产管理委员会，成立全资公司江阴澄合投资管理有限公司，构建全系统社有资产信息化管理平台等，以"管资本"的方式进行社有企业管理，通过"社有资产＋互联网"的模式加强对人、财、物的数字化管理，提升管理效能和发展活力。通过完成省级规范社有资产管理委员会专项试点，制定《限额以下工程招投标管理办法》《联合社基层社财务管理制度》等，提升资产运营质量。通过指导基层社老旧资产改扩建 6000 平方米，盘活资产、引入产业，增强了基层社为农服务实力。另外，江阴市供销合作社联合无锡市供销合作总社和利港供销合作社，由三级社联合控股，建设市政府重点民生项目江阴唯一一家三星级屠宰中心。吸收社会资金，以 1540 万元注册资本组建澄记肉食有限公司，实现了资产转型提升的同时，有效遏制了江阴市生猪屠宰和消费市场的混乱局面。公司自建冷库，承担了政府 200 吨储备肉的任务，累计屠宰生猪 13 万头。

澄记肉食有限公司在江苏股权交易中心挂牌，成为江阴市供销合作社系统内第一家进行资本运作上市交易的企业。

（四）夯基建社，推进人才队伍建设

构建"双线运行"现代治理机制，供销合作事业人才是第一资源。江阴市供销合作社在加快人才队伍建设，构建服务"三农"人才体系，推进供销合作事业改革方面做出了有益探索。

1. 完善人才激励机制

2015年1月恢复江阴市供销合作社统一管理后，开展专项调研，摸清全市基层社行政岗位人员工资福利现状，出台《基层社人员分类管理的指导意见》和《基层社在册行政岗位管理人员工资报酬的指导意见》。两份文件试运行一年多后，江阴市供销合作社先后10次召开意见征求座谈会，广泛听取总社机关、基层社、离退休、人社局和国资办等专业人士意见，专题研究出台《基层社在册行政岗位管理人员工资报酬的实施意见》，做到了同岗同酬、多劳多得，鼓励发展。基层社主任年平均工资15万元以上，利润增加部分的30%可以作为报酬分配，进一步规范基层社工资福利，强化绩效考核，有效激活基层社的内生动力。

2. 优化人才队伍结构

2016年以前，江阴市基层社在岗职工77人，平均年龄55岁，年龄分布不平衡、专业不对口、文化程度不高的人员结构难以契合新时代服务"三农"的目标。

为缓解这一窘况，自2017年起，按照由下至上原则，通过基层社提出人员招录需求、联合社名义行文上报申请、组织人事负责制订用人招聘计划、总社党委集体讨论、江阴市人力资源网发布招聘信息的程序（见图7），有序组织报名、资格审核、考试、体检、公示、试用、录用等步骤，公开公正招录管理、财务、电子商务等专业对口本科毕业生16人。另自2016年以来，市供销合作社机关还通过接收军队转业干部、外单位引进、公开招考招录三种方式引进人员，优化人才队伍结构。目前基层社共有人员55名，平均年龄47岁，本科及以上占比提高到85%，基本形成较为理想的老中青梯次人员结构。

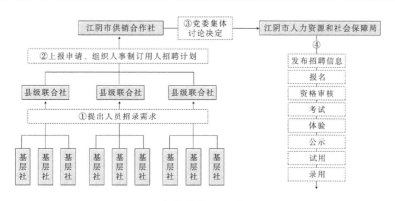

图7 江阴市供销合作社人才招聘程序

3．破旧念、凝人心、聚合力

一是破除论资排辈、求全责备等老旧观念，加大对年轻干部的培养力度。通过组织供销讲坛等文化建设活动，加强对青年干部的思想教育，把好思想"总开关"，增强责任担当意识，激励青年干部见贤思齐、奋发有为。二是树立重实干、重实绩的用人导向，营造良好的学习工作氛围，优化青年干部成长路径，制定《江阴市基层供销合作社招录人员管理办法》《联合社、基层社中层以上干部提拔考察程序》《江阴市供销合作社青年人才培养管理办法》，规范基层社晋升选拔程序，在全系统凝聚创新创业的强大合力。三是围绕建设高素质人才队伍，通过深入开展专业培训、交流挂职、岗位轮换等，着力强化全系统能力提升和实践锻炼，增强人才队伍适应新时代服务"三农"的能力。印发《关于实行青年员工"上挂下派"机制的通知》，有意识地把年轻同志放到矛盾困难较多、工作基础较薄弱的岗位经受锻炼和考验，以开阔视野、增长才干，提高其艰苦创业和开拓创新的能力，培养其综合素质和应对复杂局面的能力，激发其开创进取的激情和动力。

第四部分 "三社"融合专题

一、引言

深入贯彻落实习近平总书记关于"三农"工作重要论述和对供销合作社工作的重要指示批示精神，深入推进供销合作社、农民专业合作社、信用社"三社"完善功能、相互支持、融合发展，以"三社"促"三农"，提升"三社"为农服务能力，助力巩固拓展脱贫攻坚成果，全面推进乡村振兴。

"三社"融合的概念最早出现在中国农村改革发展的进程中，具体时间可以追溯到 2015 年左右。当时，中国面临着农村经济发展不平衡、资源分散、服务不足等问题，为了促进农业现代化和农民收入增加，提出了整合供销合作社、农民专业合作社和农村信用社的"三社"融合概念。这个提议旨在通过整合三者的资源与功能，优化农村经济的组织结构，提高服务水平和效率，推动农村产业发展和农民组织化程度提升。从此以后，"三社"融合成了中国农村改革发展的重要方向之一，并得到了政府和相关部门的支持与推动。随着时间的推移，相关的政策、措施和实践逐渐得到完善和落实，"三社"在中国农村经济中各自发展多年，发挥了重要作用。然而，由于存在着资源分散、功能重叠、协调不足等问题，为了进一步提高农业生产效率、优化农产品流通、加强金融服务和促进农民组织化程度，需要进行"三社"融合，将三者整合在一起，实现资源的优化配置和协同发展。中国农村经济面临着转型升级的任务，需要提高农业生产的效益和农民的收入水平。传统的农业合作社和信用社独立运作，资源分散、服务范围有限，限制了农村经济发展。因此，将供销合作社、农民专业合作社和农村信用社进行融合，可以形成更加完整和综合的服务体系，更好地满足农民的需求。

首先,"三社"融合中不同类型的组织有着不同的利益分配机制和权益保障,融合后如何平衡各方的利益分配是一个挑战,且不同的组织可能有不同的成员权益和决策权,需要进行协商和调整。其次,供销合作社、村集体经济组织和农民专业合作社在管理、运作和决策等方面可能存在着不同的组织文化,要克服文化差异,确保各方能够相互理解和合作。最后,不同类型的组织可能有着不同的管理规范和制度,融合后需要进行规范和制度的整合,确保运作的顺利进行。农民作为融合后组织的成员,他们的参与和支持至关重要,需要对农民进行宣传和教育工作,增强他们的参与意识和支持度。政府需要组织和相关利益方共同努力,进行良好的沟通、协商和合作,找到解决问题的方法和策略。同时,建立有效的监督和评估机制,确保融合后组织的可持续发展和农民的利益得到保护。

二、我国"三社"融合的发展

发展农村合作经济组织是促进乡村振兴与基层治理现代化的重要战略举措。在我国,农村合作经济组织是以农民为主体的小农生产者为维护和改善自身的生产和生活条件而形成的一种经济组织形式。这些组织以自愿、互助、平等互利为基础,遵守合作经济组织的法律法规和内部规章制度,联合从事特定经济活动,旨在提高农民的生产能力、增加收入、改善生活条件。农村合作经济组织具有以下几个特点和原则:①农村合作经济组织的形成基于农民的自愿行为,农民可以根据自身需求和利益自愿选择加入或退出组织。自愿合作和进退自由是农村合作经济组织产生和发展的基础。②农村合作经济组织实行民主管理,成员共同参与组织事务的讨论、决策和监督,确保权益平等和决策公正。组织成员之间通过互助合作、共享资源和信息,实现共同发展和利益共享。③农村合作经济组织坚持公平正义原则,公平分配经济收益和资源,维护成员权益。组织成员之间相互团结和互助,共同应对挑战和困难,促进组织稳定发展。发展农村合作经济组织对于乡村振兴和基层治理的现代化具有重要意义。它可以促进农民的组织化和自治能力提升,激发农民的创业精神和积极性,推动农村经济结构调整和转型升级。通过资源整合和规模效应,农村合作经济组织可以提高农产品的质量和竞争力,拓宽市场渠道,实现农产品的增值和流通。同时，农村合作经济组织还可以加强农民的组织力量，提升基层治理水平，促进社会稳定和可持续发展。为了推动农村合作经济组织的发展，政府需要加强政策支持和法律保障，提供金融支持和技术培训，营造良好的发展环境和市场秩序。同时，农村合作经济组织也需要加强内部管理，提高组织效率和经营能力，确保合作经济的可持续发展。通过共同努力，农村合作经济组织将成为推动乡村振兴和基层治理现代化的重要力量。

在实践中，目前也有多种形式开展深入合作。但值得注意的是，由于中国地域广大、区域差异和农村发展阶段不同，各地的"三社"融合实施情况存在差异。一些地区在融合实施上取得了显著进展，而另一些地区仍面临挑战和困难。因此，为推进"三社"融合，还需要加强政策引导、加大金融支持、加强培训指导等方面的工作，不断完善融合机制，推动农村经济的持续发展和农民收入的增加。下面重点介绍几个省市的模式供大家学习参考。

（一）浙江"三位一体"模式

浙江省瑞安市率先探索试点农民专业、供销合作、信用合作"三位一体"新型农村合作体系，在坚持家庭经营基础地位的同时，构建起农村合作经济升级版，助推农业现代化，实现供销合作与农业主体的双赢。瑞安市一直坚持突出农民主体地位，创新性地提出了诉求民意化、决策民主化、服务高效化、治理社团化的组织结构体系。坚持"农有""农治""农享"，确保农民拥有实际决策权。瑞安市还实行议行融合制，确保诉求由农民提出、决策由农民作出、成效由农民评出，探索农民考核农合联公职人员运行模式，推动服务高效化。2006—2020年，全市农业增加值从 10.6 亿元增至 25.56 亿元，年均增长6.49%；农民人均可支配收入从 8312 元增至 35872 元，年均增长 11%。"三位一体"综合合作在 2017 年、2021 年两次写入中央 1 号文件，瑞安市相继荣获"中国地方政府创新奖""全国供销社系统金扁担贡献奖"，以及"全国探索十大改革"等称号，进入"中国改革开放 30 年 30 个创新案例""中国改革开放 40 年 40 个创新案例"等名单。

（二）山东党建带动模式

山东省供销合作社适应农业转型的重大变化，加强组织创新和制度安排，实行"供销合作社＋村两委＋合作社"的"三位一体"村社共建模式，整合各方资源，发展农村经济，不仅促进了供销合作社改革发展，也使基层党组织服务农民有了经济舞台，促进了基层服务型党组织建设。山东省供销合作社顺应现代农业发展趋势，聚焦解决"谁来种地、地怎么种"问题，以土地托管为切入点，持续推动农业社会化服务提质扩面增效，在带动小农户进入现代农业发展方面发挥出生力军作用。2020年，全省系统土地托管面积达2978万亩，农业社会化服务规模超过5889万亩次，服务覆盖全省25％的耕地；省社与滨州市及莒南、章丘、泗水等14个县开展战略合作，发展土地股份合作社240家，整合土地14万亩，带动农户8万多户，实现销售总额3036亿元，同比增长20％；购进农产品776.3亿元，同比增长44.5％。

（三）重庆要素融合模式

重庆市供销合作社以建设"五大体系"（为农服务基层组织体系、农业社会化服务体系、农村现代流通网络服务体系、农村综合信息服务体系、农村合作金融服务体系建设）为依托和载体，推动供销合作社、农民专业合作社、信用社（农商行）"三社"在组织形态、生产经营、利益联结、管理体制和运行机制上科学、有效融合，把生产、流通、信用三大要素融合起来，把政府、企业、农民三方面的作用统筹起来，全面推进"三社"融合发展。坚持联合合作、融合发展，坚持市场导向，以联合更紧、合作更实、融合更深为方向，着力"横向集中化、纵向一体化"，建好市级、区县、乡镇三级农合联，打造为农服务综合平台。渝北大盛镇青龙村生产互助农业股份合作社下设生产合作部、供销合作部、资金互助部，探索以土地和资金入股合作社发展高效农业，实现"三社"融合促进"三农"发展。2019年，渝北区12个试点村有群众5801户累计土地入股18501.44亩、资金入股1245.9万元，解决生产合作、供销合作及资金需求。石柱县中益乡坪坝村综合服务社由中益乡供销社、坪坝村集体和农民共同入股组建，所有村民和建卡贫困户全部入社。该综合服务社成立后，通过"村社共建"已流转土地232.6亩，发展瓜蒌、前胡、羊肚菌、黄连、中蜂等产业，建立了农副产品初加工包装扶贫车间，短短半年时间，为贫困户购销农产品10余万元，解决了89户贫困户就业问题。

三、四川省"三社"融合实施情况

农村集体经济是农村经济中的重要组成部分，推进供销合作社、村集体经济组织、农民专业合作社"三社"融合发展，大力发展农村集体经济，不仅是带动农民共同致富的经济问题，而且是关系党在农村执政基础的重大政治问题。四川省供销合作社通过近两年来积极开展"三社融合"试点探索实践，不仅有力推动了农村合作经济组织的发展壮大，夯实了供销合作社服务"三农"的基层组织体系，也有效带动了农村集体经济发展，增加了农民收入。2021年以来，巴州区在三江镇谷水坝村发展蔬菜种植500亩与巴中市绿阳科技有限公司签订订单，预计产值150万元，引进四川野蕊蜂蜜发展有限公司，在三江镇谷水坝村建立种蜂繁育基地，建立蜂蜜加工厂，年可加工蜂蜜100吨，产值500万元，电商直播带货和东西部协作销售农产品可达850万元。2021年，在"三社"融合发展新模式推动下，通过自主发展、集体分红、灵活就业等方式，南江县赤溪镇西厢村民人均年增收8000余元；集体经济不断壮大，建成茶叶基地2200余亩、金银花基地500余亩，青钱柳观光园4000余亩和精忠文化产业园12余亩。先后获得"中国最美休闲乡村"、四川省"乡村治理示范村"、"文化扶贫示范村"等荣誉称号。

2019年10月，省农业和农村体制改革专项小组办公室（以下简称专项小组办公室）印发《关于开展"三社"融合促进农村集体经济发展壮大试点的实施方案》（简称《方案》），确定在泸县、通江县、犍为县、宜宾市叙州区、雅安市雨城区部署开展试点（以下称省级试点）。在省级试点基础上，省供销合作社在全系统进行部署，德阳、绵阳、泸州、自贡、达州等地在全市范围，甘孜州、阿坝州、凉山州及其余市在部分县（市、区）自行开展了"三社"融合试点。通过3年多的试点，5个试点县（区）共新建或改造村级供销社27家，带动村集体经济组织55家，带动农民专业合作社40家，各地带动村集体增收10％以上，有效发挥了"三社"优势，实现了"三社"共同发展，特别是促进了农村集体经济发展壮大。

（一）总体要求

深入学习贯彻习近平总书记关于"三农"工作的系列重要论述，全面落实乡村振兴战略决策部署，以做好省委、省政府关于乡镇行政区划和村级建制调整改革"后半篇"文章为统揽，以深化供销合作社改革为抓手，因地制宜发挥供销合作社、农村集体经济合作社、农民专业合作社各自优势，实现"三社"融合互补、共同发展，不断提升供销合作社为农服务能力，加快促进村集体经济发展壮大。

（二）基本原则

1. 坚持党建引领

坚持党对"三社"融合发展工作的领导，强化农村基层党组织的政治功能和组织优势，组织村"两委"与供销合作社、农民专业合作社联合带动发展农村集体经济，增强村"两委"凝聚力、战斗力。

2. 坚持农民主体

始终把为农服务成效作为衡量"三社"融合发展的首要标准，注重发动农民、组织农民、服务农民，密切"三社"与农民的利益联结，鼓励农户及各类新型经营主体出资加入村级股份经济供销合作社，成为合作社社员，创新"三社"同农民群众的利益联结机制，激发和调动小农户、脱贫户积极参与，让广大农民更多参与"三社"融合发展并从中获益，增强农民群众的改革获得感。

3. 坚持平等互惠

尊重"三社"各自的独立法人地位，保护"三社"成员权益，建立产权明晰、独立核算、权责对等、利益共享的联合合作机制，找准合作的切入点、结合点、着力点，建立符合实际的合作发展机制，实现优势互补、合作共赢。

4. 坚持因地制宜

注重区域实际，根据各地农村产业、资源、自然环境等条件，合理选择资本合作、业务联结、服务带动等多种模式，发挥"三社"各自优势，不搞"一刀切"，走可持续发展之路。

（三）创新"三社"融合发展模式

1. 推动"三社"组织融合

在推动乡镇、村、组各层级建立健全新型农村集体经济组织基础上，鼓励在乡镇和有条件的村，依托集体经济组织，通过劳动合作、资本合作、土地合作等多种途径，组织供销合作社、农村集体经济组织、农民专业合作社，以及各类新型农业经营主体、农民个人联合组建村供销社或股份制公司。鼓励"三社"相互参资入股，密切利益联结，突出发挥各自优势。鼓励基层供销社、社有企业以资金、技术和品牌等入股，联合农村集体经济组织、种养大户等农业经营主体，在农资农机农技服务、农产品生产经营、涉农综合服务领域积极领办创办农民专业合作社，成立农业社会化服务公司、专业协会。推行农村集体经济组织、基层供销合作社、农民专业合作社负责人交叉任职。有条件的地方，鼓励农村集体经济组织负责人兼任基层供销合作社负责人。"三社"融合发展模式如图8所示。

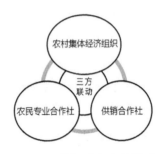

图8 "三社"融合发展模式

2. 推动"三社"经营融合

坚持市场需求导向，主攻农业供给质量，优化"三社"经营业务，提升"三社"经营能力。根据当地实际，结合"三社"优势，积极开发适合"三社"融合发展、农民社员广泛参与的产业发展项目。鼓励"三社"联合开展土地托管，建设现代农业社会化服务体系，着力解决土地撂荒问题，促进适度规模经营，带动小农生产。发挥供销合作社系统上下贯通的经营服务体系优势，利用供销合作社农村流通服务网络，加强农产品加工、预冷设施配套建设，发展产地交易市场，线上线下拓展销售渠道，提升农产品现代流通水平。鼓励"三社"立足当地特色资源优势，共建优质农产品生产示范基地、农产品加工企业、农村电子商务运营网络，打造特色品牌。引导具备较强经济实力的"三社"主体联合承接财政扶持农村集体经济发展资金，帮助农村集体经济建立稳健运营机制、寻求长期可靠收益。充分挖掘村集体资源，盘活存量集体资产。在中心村实施产业项目联片开发、联村运作。

3. 推动"三社"服务融合

充分利用"三社"服务功能，完善"三社"相互提供服务的机制，围绕农民生产生活需要，合力构建功能完备、便民实用的农村综合服务体系。利用村集体闲置资产（场地），采取村集体提供场所、合作建设、参与经营等形式，建设农村综合服务社（城乡社区服务中心），开展家政、环卫、道路养护、绿化管护服务，以及金融、保险、广电、通信、水电气费收缴等代理代办服务。利用供销合作社服务网络，拓展农村产权流转衍生服务，增强农村产权融资功能，探索建设农村产权流转交易服务体系。发挥基层供销合作社服务功能，围绕当地农村产业和社区发展需要，聚焦特色领域，把中心基层社建成乡镇为农服务综合体。坚持以满足客户需求为导向，围绕农产品特色和质量，以安全无公害农产品为重点，大力推进基层社组织订单农业，组织引导专业化、安全无公害农产品生产，提供公共服务，形成"一村一品、一镇一特、一县一优"农业产业布局。依托供销合作社农村会计服务体系，为农村集体经济组织、农民专业合作社提供资金互助、技术辅导、信息咨询、记账理财等配套服务。在劳动力需求量大的地方，由"三社"联合组建劳务合作社或劳务服务公司，鼓励基层供销合作社、农民专业合作社开展劳务合作服务，为村集体和农民增加收益。

（四）规范"三社"融合运行机制

1. 尊重各自的独立法人地位

"三社"作为乡村振兴新型农业经营主体，在未来的乡村振兴战略实施过程中承载着产业振兴的重任，各有优势，能够相互赋能、共同发展。"三社"作为市场主体，在商事活动中基于商业社会诚实守信的契约精神，尊重各自的独立法人地位，建立产权明晰、独立核算、权责对等、利益共享的联合合作机制，完善"三会"制度，在制度约束中找准合作的切入点、结合点、着力点，建立符合实际的合作发展市场机制，实现优势互补、合作共赢。

2. 坚持民主管理，保障各方权益

始终以农民利益为核心，通过实施民主观念宣传制度、集体协商和集体合同制度，以及财务契约化、公开化制度等多种制度来确保农民利益的实现。"三社"主体平等地享有民主管理权利和平等地承担民主管理义务，规范集体

协商、集体合同制度。重大经营决策及内部其他重大事务包括劳动报酬、工作时间、休息休假时间、劳动安全卫生和劳动保险福利等均由全体成员协商讨论决定实施。促进"三社"形成利益共同体，推进合作关系的巩固和发展。"三社"共和利益联结机制如图9所示。

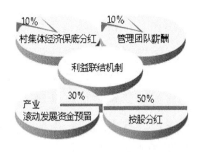

图9 "三社"融合利益联结机制

3. 推行高效的市场化运行方式

充分发挥农村股份经济合作联合社劳动力号召力、社会化服务等组织优势；充分施展供销合作社生产资料组织、市场信誉、供销体系等专业优势；充分利用农民专业合作社生产、市场、服务的需求，整合资源、市场、服务，采取高效的市场化运行方式，通过组织连接、股权连接、利益连接、服务连接等多种连接方式集聚农业服务主体，引导当地特色产业链各环节联合合作，抱团创市场，实现各方获益。

（五）加大组织保障力度

1. 加大工作统筹力度

各级要建立健全由供销合作社牵头、涉农部门和金融机构共同参与的"三社"融合发展联席会商机制，定期研究有关事项，统筹各方面资源，形成推进"三社"融合发展合力。在乡镇"三定"方案中明确乡镇党委政府抓供销合作社工作职责，将供销合作社工作纳入对乡镇党委政府的绩效考核。明确村"两委"承担供销合作社工作的责任，为推进"三社"融合创造条件。将推进"三社"融合发展工作纳入乡村振兴统筹安排、强化考核。各市县要结合实际，出台支持"三社"融合发展的政策措施。市（州）供销合作社要加强对各县

（市、区）供销合作社的指导督促，协调解决相关问题。省供销合作社每年对全市"三社"融合发展工作情况进行总结评估，纳入农业农村工作考核指标。

2. 整合涉农政策资源

统筹使用贴息、贴费、担保、以奖代补、专项债等涉农财政资金政策，支持"三社"融合发展。将"三社"融合发展工作纳入涉农贴息补助政策范围，加大信贷贴息补助力度。加强与银行金融机构合作，确保参与"三社"融合发展的新型农业经营主体享受贴息政策后，实际承担贷款利率不超过当期贷款市场报价利率。有条件的区县可将供销合作社直属企业对农民专业合作社贷款纳入贴息补助。整合涉农政策资源，积极盘活农村集体经济资产、资源，统筹县级社有企业和基层供销合作社各类土地、建筑物、品牌等资产，共同增强农村经济实力。

3. 强化供销合作社桥梁纽带功能

供销合作社长期扎根农村、贴近农民，组织体系完整、经营网络健全、服务功能完备，是激活农村资源要素、增强农村内生动力、推动农业农村高质量发展的重要力量，要发挥县级供销合作社独特的政治优势、组织优势、经营优势以及政策优势，积极围绕为农服务主业，合理布局建设中心镇（村）基层供销合作社，完善专业化、社会化服务体系和供销流通体系，因地制宜开展农业社会化服务，推动农业向规模化、集约化、现代化发展，节约劳动力，提高生产效率，助力解决农产品在产销对接全链条中附加值低和质量标准不统一等突出问题，构建农产品流通体系，推进产销对接，实现助农增收。

4. 加强业务培训教育

加大"三社"人才引进力度，营造好惜才、爱才、重才的氛围。按照"爱农业、懂技术、善经营"的总要求，加强"三社"人才业务培训，打造一支规模宏大、留得住、能战斗、带不走的乡村人才队伍。组织部门、农业农村部门、供销合作社要安排专门经费联合开展"三社"人员职业技能培训，支持高校、职业院校综合利用教育培训资源，灵活设置专业，创新培养模式，为"三社"培养专业化人才。探索建立"三社"人才库，建立急需紧缺人才援助培训机制，鼓励农业专家下基层活动，组织专家到乡村开展智力服务，切实提高"三社"队伍素质。

5. 强化激励约束机制

参照《四川省农村集体经济组织条例》和相关文件要求，调动广大农村基层干部发展壮大村级集体经济、推动"三社"融合发展的积极性、主动性、创造性，可按比例从"三社"当年增收部分提取资金用于奖励参与"三社"发展工作的现任村党组织书记、村委会主任以及把主要时间、精力用于"三社"融合发展的其他村干部和集体经济组织成员。鼓励村"两委"负责人参选基层供销合作社负责人，依法在供销合作社基层组织任职、入股，并享受股权收益和业务奖励。探索从待遇保障、政治激励、人文关怀等方面入手，不断完善"三社"工作人员特别是村干部关怀激励长效机制，确保基层职工干事有激情、创业有担当、收入有保障。细化"三社"主体和个人责任，构建合力监督管理的"大监管"格局，加强各类资金监管，严格实行报账制，定期将有关账目如实向全体成员公开，接受集体经济组织成员、村民代表、村务监督委员会的民主监督，规范约束监管机制。

（六）试点单位

试点单位包括泸州市泸县、乐山市犍为县、宜宾市叙州区、巴中市通江县、雅安市雨城区。

（七）实施步骤

1. 安排部署

2019年11月底前，各试点单位要制订试点实施方案，明确责任分工和试点任务，组织动员部署。

2. 组织实施

2020年11月底前，全面开展试点工作，因地制宜探索发展模式。

3. 总结验收

2020年12月底前，省农业和农村体制改革专项小组办公室对各单位试点进行总结验收。

（八）总体情况

《方案》印发后，省农业和农村体制改革专项小组办公室专门召开"三社"融合试点工作座谈会，部署试点任务。省供销合作社由3名社领导分工联系省级试点单位，多次带队开展调研指导。各试点县委、县政府高度重视，结合本地特色，认真制订工作方案，县委书记亲自签批，由县政府主要领导牵头总抓，组织部、改革办、财政局、农业农村局、县供销合作社等相关部门协调推进，确保试点工作落实落地。

经专项小组办公室同意，省级"三社"融合试点时间适当延长至2021年上半年，下半年开展验收总结。根据《方案》要求，省供销合作社受专项小组办公室委托，组织实地验收小组于2021年9月9日至9月24日分别对泸州市泸县、乐山市犍为县、宜宾市叙州区、巴中市通江县和雅安市雨城区进行了"三社"融合试点实地验收。总体上看，试点单位因地制宜、大胆创新，立足于本地农业产业特点，依托供销合作社服务流通网络，盘活农村集体资金资产资源，发挥专业合作社联动作用，推动"三社"优势互补、融合发展，供销合作社为农服务能力显著提升，农民专业合作社规范化发展水平明显提高，农村集体经济发展实力得到增强，进一步促进了农民可持续增收致富，试点成效明显。

四、四川省"三社"融合实施方案

（一）加强组织保障

5个省级试点单位以党委政府或农业农村体制改革专项小组名义部署此项工作，成立了党委政府分管领导任组长和副组长，组织部、农业农村局、供销社、财政局等相关部门为成员的"三社"融合试点工作领导小组，明确部门责任。将"三社"融合试点工作纳入了本地年度重点工作任务清单，建立联席会议制度，制订实施方案，细化责任分工，定期召开会议部署有关工作，不定期开展现场调研督导，确保高质量完成各项目标任务。

犍为县在各乡镇"三定方案"中明确乡镇党委政府负责辖区内的供销合作社工作，组织"三社"融合试点的实施。各地试点乡镇成立了由党政"一把手"任组长、分管领导任副组长、相关人员为成员的工作推进领导小组，把"三社"融合试点作为推进农村基层党组织建设的重要抓手，督促村"两委"干部、驻村第一书记亲自落实，强化了党组织对"三社"的领导和组织协调，增强了基层党组织的凝聚力，巩固了党在农村的执政基础。德阳市以市委农村工作领导小组名义印发了"三社"融合试点工作实施方案，明确乡镇党委政府落实供销合作社改革发展工作责任，加强乡镇供销合作社建设，暂不具备建设条件的，由乡镇合作经济组织服务中心、农业服务中心或乡村振兴中心等服务机构统筹组织指导推进本乡镇区域合作经济组织发展和"三社"融合发展工作，同步组建发展乡镇供销合作社。

（二）整合政策资金

省供销合作社从省级供销合作社综合改革专项资金中安排500万元，支持5个试点县（区）开展试点。各试点单位将"三社"融合项目纳入年度预算，积极统筹整合各方资源，加大扶持力度。5个试点县总计列入财政预算510万元，整合涉农资金1.57亿元，支持符合条件的"三社"优先承接政府购买农业农村社会化服务项目54个，优先考虑"三社"融合组织承接村级惠民涉农项目77个。市、县供销社系统安排财政专项资金460万元，社有企业带动投入536万元，撬动社会资本1365万元，村集体经济组织投入资金853万元，农民专业合作社投入资金2434万元。一些地方还在土地、税收、奖补等政策上给予倾斜和支持，为"三社"融合发展创造了有利条件。

（三）探索多种融合模式

各地结合自身实际，坚持遵循科学、绿色、共享、可持续发展原则，充分发挥自身特点和优势，根据"三社"融合实施方案指导意见，在组织融合、经营融合和服务融合三方面各有重点、各具特色，体现了"三社"融合模式在促进农业产业发展、带动农民增收致富、助力乡村振兴中起到的积极作用。从全省探索情况看，按照带动主体不同，全省"三社"融合发展主要有以下四种模式。

1. 村"两委"主导，村集体经济组织带动模式

由县供销合作社或乡镇党委政府组织、村两委主导、村集体经济组织发起，供销合作社、农民专业合作社及其他主体共同组建村供销合作社，由村集体经济组织负责人兼任基层供销合作社负责人。犍为县鼓励引导村"两委"干部到基层供销合作社任职，7个"三社"融合试点项目负责人全部为村支部书记。德阳市在6个县（市、区）26个村开展试点，由乡镇农业服务中心以村集体经济组织为发起力量，整合相关资源，组建村级供销合作社，由村（股

份)经济合作联合社、农民专业合作社、供销合作社、国有农业投资公司为主体，吸纳家庭农场、专业大户、农村经纪人、农民等共同参与，作为建立在农村最基层一级的综合性"一站式"服务平台。依托村两委或村集体经济组织组建"三社"融合的村级基层社，实现了村社（即村"两委"与供销合作社、专业合作社）共建平台、共创体制、共织网络、共享人才、共聚资源，充分发挥了村集体经济组织在农村基层的聚合效应，为"三社"融合提供了可靠的阵地基础。

2. 社有企业引领，供销合作社带动模式

由实力较强的基层社吸纳村集体经济组织、农民专业合作社入社，壮大基层社服务带动能力，或由县供销合作社牵头组织社有企业发挥龙头作用，采取"公司＋村集体经济组织＋农民专业合作社"的方式，联合新组建基层供销合作社或农民专业合作社。泸县由县供销合作社牵头，按照镇域划分，按县社至少入股35％且为第一大股东的原则，分别在各镇（街道）吸纳村集体经济组织、农民专业合作社、村组干部、种养殖大户等入股成立镇级基层供销合作社，另在谭坝村组建村级基层供销合作社。自贡市自流井区供销合作社通过社有企业，依托"自供连锁"品牌，联合村集体经济组织组建蔬菜种植专业合作社，建设绿色无公害蔬菜基地，既充实拓展了企业的农产品供应链，又推动了村集体经济发展。巴中市通江县供销合作社发挥社有企业加工、销售优势，通过吸纳村集体经济组织和专业合作社入股组建村级基层社，领头带动发展蓝莓、菌菇、银耳、中药材等特色产业，围绕产业开展了技术支持、统防统治、加工销售等配套服务，通过社有企业带动了一批"三社"主体生根发芽、发展壮大。雅安市雨城区供销合作社依托社有企业（雨城供销惠农公司）在草坝镇联合村集体经济组织和专业合作社新建雨城区塘坝供销农业服务有限公司，建设标准化茶叶种植基地和茶叶交易市场，为周边地区农民专业合作社开展茶园托管服务，推动农业适度规模经营，增加茶产业收入。

3. 联结共赢，"农合联"及农民专业合作社联合社带动模式

供销合作社、村集体经济组织、农民专业合作社联合组建区域性、产业型农民专业合作社联合社和新型农村合作经济组织联合会（以下简称农合联），广泛吸纳各类农业经营主体和农户加入，密切组织联结和利益联结，各自发挥功能作用，共享业务、共谋对策、共闯市场，充分体现联合体在市场经济环境下的独特优势和服务能力。宜宾市叙州区以供销合作社为平台，联合村集体经济组织、专业合作社、龙头企业和家庭农场等组建了农村合作经济组织联合会，在乡镇设立分会，在村设立分站，构建了生产、供销、信用、消费"四位一体"的农村合作经济组织体系，组织引导"三社"及会员进行市场开拓、品牌保护和交流合作，促进"三社"增强了市场竞争力。犍为县供销合作社引导组建了3个农民合作社联合社，围绕镇村生姜、土鸡、土鸭、粮食猪、绿色蔬菜等特色农产品，以基层社为纽带，以联合社为主体，大力推进农副产品示范项目开发，促进村集体经济壮大和农民群众增收，已成功打造8个"三社"融合产业发展示范项目。

4. 共建共享，消费合作带动模式

省供销合作社企业老邻居商贸连锁有限公司按照"共建、共治、共享"原则，在成都市双流区、龙泉驿区联合当地供销合作社及所辖社区居委会合作，发动社区居民入股入社，组建消费合作社，建成5家"老邻居社区共享超市"，发展社员超过2100多人（户），年销售收入900多万元、为社员实现收益近100万元。"老邻居社区共享超市"的建立，探索了城市消费合作发展新模式，被列入全国发展社区共享经济、促进社区有效治理的十大典型案例。雅安市雨城区积极探索农业社会化服务共享机制，由区供销合作社依托供销合作社惠农公司，以基层社为平台建立农业社会化服务共享站（基层供销合作社），广泛吸纳农民、家庭农场等以个人或组织形式加入，为社员开展农资、日用品、记账、理财、电商、金融等消费合作，实行社（会）员制管理，社员在享受更加便利优惠的生产生活服务的同时，还能免费使用共享站农机具等物资，实现共建共享服务圈。

五、四川省"三社"融合取得的成效

"三社"融合试点的推进，党对农村合作经济的领导进一步加强，基层供销合作社进一步壮大，农民专业合作社进一步规范，这一系列的改革举措在带动农户增加收入、助力农民致富、培育新型农业经营主体以及推进小农户与大市场有效对接等方面发挥了积极的作用。通过"三社"的融合发展，为农村集体经济的发展找到了现实有效的实现形式，同时也为基层供销合作社的快速发展提供了契机。在这一过程中，形成了一批可复制、可借鉴、可推广的"三社"融合发展示范经验，为其他地区提供了宝贵的借鉴和启示。这些示范经验的形成不仅得益于对"三社"融合发展的政策支持和引导，更归功于各级政府、农民合作社和供销合作社的共同努力。通过建立联动机制、加强协作合作，"三社"之间实现了资源的共享、优势的互补，形成了良好的合作格局和发展模式。在示范区域，"三社"之间建立了紧密的合作关系，共同推动农村经济的繁荣和农民生活水平的提升。这些可借鉴的经验包括：政府加大对"三社"的政策支持和财政投入，提供专项资金用于农村合作经济的发展；建立完善的组织管理机制，加强内部规范建设和能力建设；积极探索新的商业模式和营销渠道，推动农产品的品牌化和市场化；加强对农民的培训和技术支持，提高农民的专业素质和创业能力等。这些经验不仅在示范区域取得了显著的成效，也具有较高的可复制性和推广性，可以为其他地区在农村经济发展和农民增收致富方面提供有益的借鉴。

5个省级试点单位共新建提升村级供销社27家，带动村集体经济组织55家，带动农民专业合作社40家，开展专题培训51场3800余人次，各地带动村集体增收10%以上，部分村集体经济实现零的突破，带动农民专业合作社增收10%以上，解决当地劳动力2800余人，户均增收2300余元，服务对象满意度均达100%。其中，犍为县通过"三社"融合试点，盘活村集体房屋、林地等集体资产8000多万元，带动村集体经济平均增收3万元，带动社员户均增收净利3500元，在九井镇打造了"姜里九井"区域公共品牌，2020年带动生姜、水果、姜制品以及其他农副产品累计销售额5000余万元。雅安市雨城区供销合作社依托社有企业供销惠农农业服务有限公司开展"三社"融合试点项目，新建400平方米全程机械化综合服务农事中心，新建数字化农业平台，购置100万元能覆盖1万亩全程机械化作业的农业设备，实施农业社会化服务5150亩，有机肥替代化肥1942吨、覆盖面积16183亩，实施新技术推广6500亩，改建塘坝600平方米茶叶交易，打造了一个农旅融合的云台山茶叶生产基地，助农增收178.5万元，帮助带动各试点村村集体经济增收8000元以上，部分村集体经济还实现零的突破。通江县诺水河镇临江村通过诺水河供销惠农综合服务有限公司、临江村股份经济合作社和通江县华军农民专业合作社开展"三社"融合，以两耳一菇、中药材为主导产业，并大力发展餐饮、民宿等乡村旅游产业，建设食用菌产业园1个，年投入菌种8万袋，产鲜菇

4000斤，烘干加工2000余斤干品，产值达400余万元，按照"1135"的分红模式，2020年村集体实现分红4200元。具体体现在以下几个方面。

（一）建立了"三社"融合工作推进机制

作为农村发展的三大合作制经济组织，"三社"在结构和功能上展现出相似之处，同时也存在差异化的特点。值得一提的是，通过"三社"的融合实施，进一步完善了各自的"三会"制度，同时还建立了日常联系制度，加强了彼此之间的配合协调和联动互动，这对于发挥各自的优势、弥补短板并形成合力具有积极的影响。此外，全国各地都坚持着"政府主导、三社主体、全民参与"的原则，并通过党建引领、社企带动、联合社统筹等多种形式来展开分工协作。在这样的努力下，建立了以村集体经济组织为基础、以供销合作社为纽带、以农民专业合作社为支撑的工作推进机制，这为融合发展提供了有力的保障和支持。

（二）形成了"三社"利益联结机制

"三社"融合发展坚持"开放办社"的方针，围绕当地主导产业建强基层供销合作社、壮大村集体经济、规范专业合作社，打破"一乡一社"的思维局限，主动适应经济社会发展需要，因地制宜适应农民生产生活需要，通过劳动合作、资本合作、土地合作等多种途径，采取合作制、股份合作制等多种形式，探索形成了保障各方利益、调动各方积极性的分配制度，不断强化"三社"与农民在组织上和经济上的联结，从根本上解决了不同市场主体之间各自为政、恶性竞争的沉疴顽疾，解决了农民在"三社"之间摇摆不定、瞻前顾后的现实问题，充分激发了"三社"发展的动力活力。如通江县在"三社"融合利益联结上创新举措，试点探索了"1135"（经营创收利润按照10%集体经济优先分红、10%滚动发展预留、30%管理团队奖补、50%股份合作分红；部分地方采用"1234"模式）分红模式，明确了"三社"组织融合、经营融合、服务融合管理架构，明晰了新型股份经济供销合作社管理架构、股权结构、效益分红机制。

（三）提升了"三社"经营服务能力

通过试点，"三社"围绕当地主导产业和特色农业，发挥各自优势，拓展服务功能，开展农资供应、技术指导、土地托管、加工销售、代理记账、品牌打造、农村电商、小额金融、劳务派遣等为农服务项目，培育了一批"有实力、敢作为、勇担当"的"三社"融合主体，培养了一批"懂技术、会经营、善管理"的新型农业技术人才，"三社"经营服务理念不断强化，经营服务能力不断提升，带动了小农户与现代农业发展有机衔接，助力农民增收致富。

（四）探索了农村合作经济发展路径

"三社"都是农村合作经济组织，"三社"融合发展是优化农村经济资源配置、发展农村合作经济的重要途径，也是完善供销合作社基层组织体系、提升供销合作社为农服务能力、发展壮大农村集体经济的现实需要。"三社"融合坚持党建引领，始终强调党对农村合作经济工作的领导，充分发挥村"两委"政治优势，组织"三社"有机结合，推广村干部交叉任职，为农村合作经济联合发展提供了组织保障；坚持农民主体，始终把为农服务成效作为首要标准，注重发动农民、组织农民，让广大农民广泛参与并从中获益，增强农民的幸福感和获得感，为农村合作经济提供了群众基础；坚持因地制宜，始终结合本地实际，做好分类施策，合理选择资本合作、业务联结、服务带动等多种模式，并统筹使用各地现有政策，为农村合作经济发展提供了政策支撑；坚持平等互惠，始终尊重"三社"各自的独立法人地位，强化共享发展理念，保护"三社"成员的权益，实现优势互补、发展共赢，为农村合作经济发展提供了强大平台。

六、四川省5个省级试点单位工作概况

（一）聚焦"三社"组织融合，夯实村集体经济发展基础

1. 坚持党建引领，突出组织优势

坚持党对"三社"融合发展工作的领导，把农村基层党组织建设、基层供销合作社建设和专业合作社建设有机结合起来，强化农村基层党组织的政治功能和组织优势，加强对村"两委"干部、驻村第一书记发展村集体经济的工作指导。犍为县明确镇党委政府负责辖区内的供销合作工作，7个"三社"融合试点项目主要负责人全部为村支部书记。宜宾市叙州区建立了"党建带社建"工作推进机制，区委组织部、区供销合作社联合推动"三社"融合发展，把试

点工作列入年度党建工作目标考核重要内容。

2. 坚持资源整合，壮大市场主体

灵活利用本地现有资源和组织架构，以不同方式领办创办一批经营能力强、带动范围广的基层供销合作社、农民专业合作社、专业合作社联合社和农业社会化服务公司等合作经济组织，初步构建了广泛联合、深度融合、一体发展的新型农村合作经济组织体系。泸县按照镇域划分，按县供销合作社至少入股35%且为第一大股东的原则，分别在各镇（街道）吸纳村集体经济组织、农民专业合作社、村组干部、种植养殖大户等入股成立镇级新型基层供销合作社，以基层社为纽带，建立联合合作机制，共同做大做强经营主体。

3. 坚持共建共享，密切利益联结

坚持农民主体地位，切实发挥"三社"在乡村振兴中的带动作用，充分利用"三社"在各自领域的特色优势，构建多样化、多元化、多形式的"三社"融合利益联结机制。雅安市雨城区以"三社融合"促进"三变改革"（资源变资产、资金变股金、农民变股东），在所有"三社"试点村建立"收益分红＋股权分红＋盈余分红"的合作社"三项分红"利润分配机制。通江县探索了"1135"（经营创收利润按照10%集体经济优先分红、10%滚动发展预留、30%管理团队奖补、50%股份合作分红）分红模式，农民与"三社"联系更加紧密，"三社"之间联结更加牢靠，村集体经济发展基础更加坚固。

（二）狠抓"三社"经营融合，加快村集体经济发展步伐

1. 遵循市场导向，开发示范项目

遵循市场需求导向，通过挖掘村集体资源，盘活存量集体资产，不断优化"三社"经营体系，组织农民社员积极参与和开发"三社"融合示范产业项目。犍为县采取"党建＋互联网＋公司"的模式，围绕镇村生姜、土鸡、土鸭、粮食猪、绿色蔬菜等特色农产品，以基层供销合作社为纽带，以专业合作社和联合社为主体，大力推进农副产品示范项目开发，现已成功打造8个"三社"融合产业示范项目。

2. 适度规模经营，提升流通水平

组织"三社"深度联合合作，依托基层社和专业合作社开展土地托管服务。充分利用供销合作社农村流通服务网络，加强农产品加工、预冷设施配套

建设，发展农产品产地交易市场，线上线下拓展销售渠道。雅安市雨城区围绕茶叶种植特色产业优势，全面实施"三联三化"经营融合机制，供销合作社组建专业化服务团队，在试点核心区与1000多户农户签订茶园托管服务协议，托管茶园3500亩，负责夏秋茶叶的统防统治和标准化管理。同时，在塘坝改建提升茶叶交易市场，村股份合作社对市场进行日常管理和维护，为农户和商家提供方便快捷、公开透明的面对面交易场所，从流通端解决了茶叶的销路难题，从根本上保障了茶农的基础利益。通过与供销合作社、农民专业合作社以及农产品市场的深度联合，雅安市雨城区在茶叶产业发展中实现了资源的整合与优化利用。这一合作模式充分发挥了供销合作社的综合协调作用，专业合作社则提供了资金、人员和土地等方面的支持，同时农民专业合作社负责产业发展，形成了"三社"合力。通过共同努力，成功托管了大量茶园，实现了茶叶的统一管理和标准化生产，提高了茶叶品质和市场竞争力。在茶叶交易市场方面，通过改建和提升塘坝市场，提供了良好的交易平台，使农户和商家可以直接面对面地进行交易，解决了销售环节的问题。这种方式不仅方便了农民和商家，也提升了交易的透明度和公正性，有利于促进市场的健康发展。这一综合发展模式在雅安市雨城区茶叶产业中取得了显著成果，不仅为农民提供了增收机会，还推动了茶叶产业的升级和发展。这一成功经验对其他地区在农产品产地销售和市场建设方面具有借鉴意义，为乡村振兴战略的全面推进提供了宝贵经验。雅安市雨城区将继续推动"三社"深度联合合作，进一步提升农产品的附加值，为农村经济的繁荣作出了更大的贡献。

3. 建设示范基地，推动产业融合

以产业兴村富民为重点，以示范基地建设为亮点，引导和鼓励资本、技术、人才等要素向农业农村流动，做大做强高效绿色种养基地、农产品品牌和乡村旅游等。宜宾市叙州区探索"基地＋加工＋销售"模式，大力发展中药材（白芍）产业项目，区供销合作社总公司、双龙镇金山村股份经济合作联合社、回头山药菊种植专业合作社、浙江桐乡中药材经销商共同组建中药材产业公司，建设标准化示范种植基地，带动周边农户参与种植，免费向农户提供种苗和技术培训，统一按照市场价格进行回收，深入推动一二三产业融合发展。泸县创新"基层社＋乡村旅游"模式，依托道林沟、龙桥文化生态园、谭坝现代农业产业园等文旅资源，发展休闲观光农业、乡村旅游基地4个，基层社与村集体经济相互扶持、共同发展。

（三）突出"三社"服务融合，体现村集体经济发展特色

1. 共建服务体系，强化服务功能

充分利用"三社"服务功能，围绕农民生产生活需要，实施"三社"相互提供服务的机制，合力构建了功能完备、惠民实用的农村综合服务体系，结合实际、因地制宜开展了家政、环卫、金融、通信、水电气费收缴代办等便民服务。泸县探索"基层社＋公益"的服务机制，供销合作社出资源，村集体出劳力，先后与全县试点乡镇村集体经济股份合作社成立了6支保洁队伍，为所属镇、园区、农村社区提供河道整治、垃圾清运、秸秆回收、清洁卫生等服务，云锦镇供销合作社还开设了"流动供销合作社"，免费为有合作关系的专业合作社社员农户购买农业保险，为农户减负20多万元。犍为县建立"供销合作社＋农民合作社＋信用社"合作服务机制，由信用社对"三社"社员进行普惠金融授信，授信成功后可在信用社进行贷款。

2. 培育服务主体，拓展服务领域

依靠"三社"扎根基层、服务基层的优势，结合试点项目大力培育新型基层供销合作社、建筑劳务公司、广告文印公司、会计服务公司等服务主体，为城镇客户提供劳务派遣、建筑施工、广告宣传等新型服务，为专业合作社和村集体提供技术辅导、农技培训、信息咨询、记账理财等配套服务，进一步拓展供销合作社服务领域，促进基层供销合作社转型升级。泸县嘉明镇供销合作社积极探索"以工哺农"发展模式，联合村集体经济资产公司共同成立四川匠柏建设有限公司，承包小型水利设施、农村公路、农村公益设施等项目建设，积极拓展广告及其他服务业务，2020年实现收益60余万元，村集体平均分红2.4万元，带动当地300余人就地就业。犍为县"三社"主体分别与川农大、省农科院、重庆柑科所等科研机构合作，通过系统培训，培养了一批土专家，将农业科技转化为现实生产力。其中，古驿众创果蔬专业合作社联合社组织一支150人的土专家队伍，在周边地区开展技术服务和田间指导服务，年劳务收入人均2万元以上。犍为县依托县社直属企业知行惠农会计服务有限公司，为全县范围内的专业合作社、村集体经济组织、家庭农场等50余家单位提供代理记账服务。

(四) 五个试点单位工作成效

5个省级试点单位充分考虑当地农业产业的特点,以因地制宜的方式进行改革创新,展现出创新思维和真抓实干的精神。依托供销合作社的服务流通网络,有效地动员和整合农村的资金和资产资源,充分发挥专业合作社之间的联动作用。通过政府的引导和市场的运作,积极推动"三社"之间优势的互补和融合发展。在这个过程中,"三社"的经营能力明显增强,服务功能明显拓展,为农村合作经济的发展开辟了新的道路,实现了基层供销合作社的进一步壮大、农民专业合作社的进一步规范以及村集体经济的进一步发展的良好局面。这5个省级试点单位通过有效的措施和实践取得了显著的成果。首先,积极推动供销合作社在农村经济中的作用,通过改进经营管理、提升服务质量,使得基层供销合作社更加强大和具有竞争力。其次,注重农民专业合作社的规范化建设,通过制定规章制度、加强内部管理,提高合作社的运作水平和效益。最后,关注村集体经济的发展,通过整合资源、开展农业产业化经营等方式,促进村集体经济的繁荣和发展。坚持因地制宜,充分考虑当地的实际情况和资源禀赋,制定出切实可行的发展策略。注重创新思维,通过探索新的商业模式和运营方式,有效提升了"三社"的经营能力和服务水平。真抓实干,将改革落到实处,取得了实实在在的成果。这些成功经验不仅可以在其他地区进行借鉴,也可以为全国农村合作经济的发展提供有益的参考。

1. 泸县:社有企业引领"三社"共赢

泸县在推进"三社"融合发展中,通过组织融合,解决"人才缺乏"难题;通过资本融合,解决"资金困难"问题;通过服务融合,解决"地怎么种"难题;通过搭建平台,解决"竞争力弱"难题;通过拓展服务,解决"业务单一"难题。目前,全县共建基层供销合作社21个(其中:镇级20个,村级1个),实现镇级全覆盖,村集体经济组织入社率达100%,经营服务网点2000余个,县、镇(街道)两级供销合作社组织体系已全面建成。先后探索出"经营+项目""经营+公益""经营+产业""经营+农旅"四种经营发展模式,新型基层供销合作社服务"三农"能力进一步提升。截至2021年10月,全县基层供销合作社供应化肥1.62万吨、种子3.8万公斤,成为县域农资供应主渠道;组建建筑公司6个、劳务公司2个,承接实施农村宅基地复垦、道路桥梁、改厨改厕等政府和社会项目86个，工程总额达4500万元；组建广告公司8个、酒类专营公司2个、物业管理公司1个、餐饮公司1个、商贸公司6个，年经营服务总额达3500万元；开展场镇卫生保洁、河湖治理的新型基层供销合作社9个，年服务额451.50万元；为政府、单位、村社提供办公耗材服务的新型基层供销合作社12个，年经营额400余万元；开展汽车租赁的新型基层供销合作社8个，年服务额470余万元；开展小区物管的新型基层供销合作社1个，托管小区2个；开展秸秆资源化综合利用的基层供销合作社5个，年可回收秸秆约9600吨；建立特色农产品基地17950亩，扶贫产业基地14个，面积4500亩；开展订单农业种植45000亩，开展土地托管面积5800亩，开展植保服务、统防统治面积8400亩；开展农业生产技术培训326场，培训农民26400人次；依托道林沟、龙桥文化生态园、谭坝现代农业产业园等文旅资源，发展休闲观光农业、乡村旅游基地4个，基层供销合作社成了服务农民生产生活的综合平台。截至2021年10月，全县基层供销合作社实现经营服务总额9500万元，盈利510万元，带动村集体经济增收410万元，解决就业人员747人，直接增加农户经济收入180万元。

2. 通江：以特色产业推进"三社"融合

通江县明确了"构筑基层供销平台、健全三社融合机制、壮大特色优势产业、健全产业链条体系、促进集体经济增收"的总体工作思路，结合当地特色产业发展，选择在诺江镇诺水村、杨柏镇骡子坡村、大兴镇贾家梁村、诺水河镇临江村、陈河镇陈家坝村、兴隆镇紫荆村、铁佛镇中岭村和胜利村共7个乡镇8个村开展"三社"融合试点工作，通过供销公司（基层社）＋村集体股份合作社＋农民专业合作社（家庭农场）融合发展，取得阶段性成效。由县供销合作社牵头组建乡镇供销惠农综合服务有限公司，构建基层供销惠农公司、农村集体经济组织、农民专合社联合合作机制，大力推动"三社"优势互补，在围绕服务传统特色产业银耳、茶叶发展的基础上，带动种植蓝莓，着力提升供销合作社为农服务能力，提升农民专业合作社规范化发展水平，提升农村集体经济发展实力，进一步做实做强农村集体经济。试点探索了"1135"（经营创收利润按照10%集体经济优先分红、10%滚动发展预留、30%管理团队奖补、50%股份合作分红；部分地方采用"1234"模式）分红模式，明确了"三社"组织融合、经营融合、服务融合管理架构，明晰了新型股份经济供销合作社管理架构、股权结构、效益分红机制。通过开展"三社"融合试点工作，主导全县特色优势产业 1 项（蓝莓产业及全产业链体系建设），带动村级集体经济组织 8 家、农民专业合作社 8 家、涉农企业 2 家，在各村开展"三社"融合培训 2 次以上，助力试点村村级集体经济增收 2700～19000 元，带动村集体经济增收 10％以上，农民专业合作社增收 10％以上，吸纳农民就业 239 人，助农户均增收 180 元以上，服务对象满意度 95％以上。形成以资金入股供销公司的股份合作、共建产业基地的产业合作、农资经营等业务合作的融合模式；形成"1135"利益共享成果，按照固定回报、经营服务分红方式为村集体经济、专业合作社、供销合作社实现利益共享；带动试点地蓝莓、银耳、茶叶产业发展和农民社员持续增收；供销合作社、村集体、农民合作社实现优势互补、相互促进、形成合力，在促进乡村振兴中发挥出更大作用。

3. 犍为：村"两委"主导带动"三社"发展

犍为县以"县供销合作社负责统筹协调，联合社负责资金、人员、土地等统一调剂，农村集体股份经济合作社和农民专业合作社负责产业发展"的综合发展方向，以"1＋3＋N"（1 即创建 1 个联合社综合平台，3 即调动县供销合作社、农村集体股份经济合作社、农民专业合作社 3 方主体，N 即整合政府和部门政策资金、社会化服务、农资统一供应、投资公司入股等多种要素资源）思路，开展了"三社"融合试点。为了推进"三社"融合试点，犍为县在 8 个试点镇中成立了专门的工作推进领导小组。领导小组由镇党委书记和镇长担任组长，分管镇领导担任副组长，并由相关人员担任成员。试点项目的主要负责人都是村支部书记，确保了试点工作的有效推进。通过这些试点项目，超过8000 万元的村集体房屋、林地等集体资产得到了有效盘活。针对水稻、花、茶、果、竹、姜、猪、菜等大宗农产品，犍为县在试点项目中成功建设了总面积达 5 万亩的标准化生产基地，其中包括 1000 亩的有机农产品基地。此外，还有 300 亩高标准社会化服务稻田，并成功注册了一种地理标志产品。为进一步推动农业发展，犍为县牵头成立了乐锦农业专业合作社，其中县供销合作社持股 51％。该合作社已开始在 300 亩高标准农田上开展试点工作。这些试点项目的成功实施有效带动了村集体经济平均增收超过 20％，同时也使社员户均收入增长超过 20％，服务对象对这些举措的满意度达到了 100％。通过"三社"融合试点的推进，犍为县在农村经济发展方面取得了显著成效，不仅为农民增加了收入，还提升了村集体经济的发展水平。这一系列举措为农村经济的可持续发展奠定了坚实的基础。犍为县将继续推进"三社"融合发展，为农村经济的繁荣作出更大的贡献。这些成功经验为其他地区提供了可借鉴的示范，为全面推进乡村振兴战略提供了宝贵经验。通过不断创新和整合资源，犍为县将继续努力促进农村经济的发展，实现农民收入的持续增长，推动农村社会经济的可持续发展。

4. 宜宾市叙州区："农合联"联结"三社"联动发展

宜宾市叙州区以供销合作社为平台，联合村集体经济组织、专业合作社、龙头企业和家庭农场等组建了区农村合作经济组织联合会，在乡镇设立分会，在村设立分站，构建了生产、供销、信用、消费"四位一体"的农村合作经济组织体系（以下简称"农合联"）。通过"农合联"组织引导"三社"及会员进行市场开拓、品牌保护和交流合作，促进"三社"增强了市场竞争力。试点过程中充分发挥供销合作社经营服务优势，加强技术辅导，提供信息咨询、记账理财、加工销售、品牌建设、劳务服务等配套服务。探索"供销合作社（社有企业）＋村股份经济合作联合社＋农民专业合作社""区供销合作社社有企业资金＋财政资金＋村集体闲置资产使用权折价入股""基地＋加工＋销售"3种合作模式，推动一二三产业融合发展。通过试点，整合区域性基层供销合作社11家，新建"三社"融合村级供销合作社8家，拓宽了供销合作社经营业务，提升了形象。带动村级集体10个、农民专业合作社5家、涉农企业3家；开展"三社"融合培训6次；助力各试点村村级集体经济实现3000～19000元的年收益，部分村集体经济实现零的突破，带动村集体增收10％以上；农民专业合作社增收10％以上，助农增收人均150元以上，服务对象满意度达95％以上。"三社"融合经营主体潜力进一步激发，整合相关部门乡村振兴示范建设、家庭农场发展等项目用于"三社"融合发展资金近9000万元，区供销合作社自投入专项资金200多万元用于"三社"融合试点工作，各试点项目基地助力当地村集体经济增收最高达19000元；激发了"三社"融合经营主体市场活力，打造了"叙州供销"放心农产品品牌，2020年"三社"融合经营主体销售水果100余万千克、蔬菜150余万千克、大米70余万千克。

5. 雅安市雨城区：创新服务推进"三社"共享

在雅安市雨城区，由区供销合作社牵头，各级各部门紧密配合，采取了多种措施并整合资金,通过"三社融合"促进"三变改革",在茶产业发展、农村闲置资源利用、村集体经济壮大、农民主体作用发挥、龙头企业培育、农产品品牌打造等方面发挥了积极作用。这些努力取得了显著的成效,社有企业获得了盈利,村集体经济得到了壮大,农民专业合作社的社员增加了收入。新成立了一家"三社"融合村级供销公司,带动涉农企业增加了两家,培育壮大了一家社有企业(雨城供销惠农公司)。固定资产增加了385万元,销售收入增加了700余万元。这些成果带动了6个村集体经济组织,改扩建和新建了6个村级供销合作社。村集体经济实现了4.25万元的增收,部分村集体经济实现了零的突破,带动了村集体经济增收超过10%。此外,还推动了6家农民专业合作社,每家增收超过10%。在改扩建成区农业社会化为农服务中心方面,新建了一个400平方米的全程机械化和综合服务农事中心,建立了数字化农业平台,购置了价值100万元的农业设备,可以覆盖1万亩的全程机械化作业。进行了塘坝茶叶交易市场的改建和600平方米大棚的新建。通过这些举措,实施了农业社会化服务,涉及3500亩土地。有机肥替代化肥达到1942吨,覆盖面积为16183亩。新技术推广覆盖6500亩土地。此外,还开展了15期与"三社"融合相关的培训,参训人员达到1200余人次。整个过程中,吸纳895名农民就业,人均增收超过1000元,为农民增加125.6万元的收入,服务对象的满意度达到100%。

以上5个省级试点单位在推进"三社"融合发展方面取得了显著成果。通过整合资源、创新发展模式和提升服务水平,有效地促进了农村经济的发展和农民收入的增加。这些经验和成果为其他地区提供了可借鉴的示范,也为全面推进乡村振兴战略提供了宝贵经验。首先,通过县供销合作社负责统筹协调,联合社负责资金、人员、土地等统一调剂的工作方式,实现了资源的优化配置和高效利用。不同主体之间的协同合作,使各方的优势得以发挥,形成了资源共享、利益共担的良好局面。这种合作机制的建立和运行为其他地区提供了一种行之有效的模式。其次,通过建立联合社综合平台,整合政府和部门政策资金、社会化服务、农资统一供应、投资公司入股等要素资源,实现了全方位的支持和保障。政府的政策资金和资源优势得以充分发挥,为农业产业发展提供了有力的支持。同时,社会化服务的引入和农资统一供应的机制,提升了农业生产的效益和质量,为农民提供了更好的服务和保障。最后,通过试点项目的实施，建设了标准化生产基地和有机农产品基地，促进了农业产业的升级和转型。这不仅提高了产品的质量和市场竞争力，也为农民创造了更多的就业机会和增收渠道。同时，高标准社会化服务稻田的建设和地理标志产品的注册，进一步增强了农产品的品牌效应和附加值。此外，通过成立农业专业合作社，引入县供销合作社持股，实现了资本和技术的融合，为农业发展注入了新的活力和动力。这种合作模式为其他地区提供了一种可行的借鉴，使得农业产业更加具有可持续发展的潜力。

第五部分　供销合作社土地托管服务专题

党的十八大以来，习近平总书记先后十余次对供销工作做出重要指示和批示，要求"供销社加快成为服务农民生产的综合平台，成为党和政府密切联系农民群众的桥梁纽带"。近年来，乡村老龄化、空心化问题凸显，农村种地以50岁以上老人为主，农村生产的劳动力短缺问题突出，对农业社会化服务的需求日益旺盛。"谁来种地、怎么种地"已成为农业生产的重要课题。

供销合作社作为靠近农村、贴近农民的合作组织，其政策和技术下行推广与落地的关键载体功能逐渐凸显。此时，供销合作社如何把农业社会化服务融入"粮食生产安全"战略和现代化农业建设，成为新时代深化供销合作社综合改革的"必答题"。在此背景下，德州市在全国率先提出创建全国首个大面积"吨半粮"高产示范区，通过"土地股份合作＋农业全程托管"的模式，有效整合了基层农户、村集体、供销合作社、种粮大户等农业生产主体及其生产要素资源，实现了"农户增收、村集体获益、供销合作社获利"的三方共赢结果。其先进做法与成功经验得到山东省供销合作社和中华全国供销合作总社的高度认可。

基于此，我们团队跟随"中合观察"2023年联合调研团，走进全国第一个高标准农田示范市——山东省德州市，就"土地股份合作＋农业社会化服务"开展了实地调研。本部分将结合实地调研情况，对德州市供销合作社基本情况、社会化服务主要模式、运转方式、关键做法和实践成效等进行介绍。

一、供销合作社土地托管发展概况

（一）供销合作社大力发展土地托管服务

农业现代化是中国现代化建设中的最大短板，能否补齐短板事关全面建设社会主义现代化国家的全局。在"大国小农"的背景下，中国农业现代化的难点是小农户与现代农业发展如何有效衔接，土地托管政策则通过扩大服务规模化的方式解决了这一难题。供销部门具有组织机构健全、为农服务实力较强、长期服务农民的社会基础，具备由"流通服务商"向"托管服务商"转型的天然优势。2014年以后，土地托管便与供销合作社综合改革试点联系起来，成为供销合作社综合改革的重要切入点。在顶层设计层面，土地托管作为供销合作社综合改革突破点的重要地位不断在政策上予以明确。2014年的中央1号文件提出"推行托管式等服务模式，积极稳妥开展供销合作社综合改革试点"。2015年中共中央关于深化供销合作社综合改革的政策文件，更是明确提出"供销合作社要由流通服务向土地托管服务延伸"。2020年习近平总书记对供销合作社工作作出了"牢记为农服务根本宗旨，持续深化综合改革，完善体制机制，拓展服务领域"的重要指示，土地托管作为供销合作社综合改革中"拓展服务领域"的重要内容，理应持续提升其发展质量。2020年《中共中央关于制定国民经济和社会发展第十四个五年规划和二〇三五年远景目标的建议》在"优先发展农业农村，全面推进乡村振兴"一节中明确提出要"健全农业专业化社会化服务体系，发展多种形式适度规模经营"。土地托管已经成为当今中国服务型适度规模经营的主要形式。供销合作社土地托管的探索实践关系到农业现代化发展和乡村振兴的全面实现。由此可见，中央政府对供销合作社开展土地托管工作寄予厚望。在项目支持层面，供销合作社获得了托管项目申请的"唯一性"资格，即只有供销合作社开展的土地托管项目才可以得到国家财政的支持。自2014年国家支持供销合作社开展以"为农服务中心建设"为核心的土地托管项目以来，仅2016年和2017年两年，国家农业综合开发土地托管项目资金总额就达到5.51亿元。在基层实践层面，供销合作社在各级政府的支持下，积极践行为农服务宗旨，大力发展土地托管，2019年年底，全国供销合作社土地托管面积达到 10059.7 万亩。2022 年，全系统生产性全程托管服务面积 8657 万亩，同比增长 25.6%；配方施肥、统防统治、农机作业等农业社会化服务规模 6.42 亿亩次，同比增长 35%。

（二）供销合作社开展土地托管服务的主要模式

土地托管是供销合作社最近几年开发的新业务，有效避免了农民外出打工造成的土地撂荒，同时又不改变土地的农户承包经营权，不改变土地的用途，通过服务规模化实现了农业经营适度规模化。土地托管服务分为"全托管"和"半托管"。全托管有流转式托管、订单式托管、参股式托管三种类型。半托管是一种菜单式托管，围绕代耕代种、统一浇水、病虫害统防统治、统一收获等关键环节提供社会化服务，根据不同的服务收取相应费用。

1."全托管"土地托管服务模式

"全托管"土地托管服务，又称"保姆式"托管服务，主要是为农户提供所有生产经营环节服务。一般情况下，委托和受托双方签订服务协议，事先确定种植作物及产量、服务项目、托管费用等信息。全托管服务对服务主体的能力和实力有较高的要求，需要整合农资、农机、农技等各类生产要素，对农民节支增收效果明显。主要是常年外出打工或无劳动能力的农户，将土地委托给托管组织全权管理，托管组织实行从种到收全程服务。全程托管又可分为收益型全托和服务型全托两种。收益型全托是指农民将土地委托托管组织全权管理，托管组织每年给农民定额的租金或分红。服务型全托是产前、产中、产后的"一条龙"服务模式，托管组织收取服务费，并向农户保证达到定额的产量。

山东省供销合作社在总结基层经验的基础上，试点推广"土地股份合作＋全程托管服务"新模式，服务带动农民组建土地股份合作社，整合土地，成方连片种植，叠加新型农机和新技术、新品种推广应用，提高农业科技含量和发展质量，示范带动小农户与现代农业发展有机衔接。因此，与传统的种地方式相比，土地托管是通过专业化服务组织来种地，引领农民以合作社的形式来种地、以先进的农业机械和科技手段来种地，从而深化了农业供给侧结构性改革，改变了碎片化的农业生产方式，促进了农业适度规模经营，为现代农业发展注入了新动能。

2.“半托管”土地托管服务模式

半托管服务，又称"菜单式"托管服务，主要是为农户提供耕、种、管、收、烘干等某个或某些生产经营环节的服务，按实际作业项目结算服务费用。半托管服务相对灵活，也是托管服务的主要方式。例如邢台市内丘县供销合作社的"庄稼医院＋农户"模式，以农资公司为龙头，以传统"农资供应＋测土施肥＋智能配药＋无人机飞防"为主，针对农业生产某一个或几个环节服务的菜单式半托管模式，服务价格比市场低 10％～15％。

在"半托管"模式下，还有较为特殊的供销合作社授牌制下土地托管合作模式。因供销合作社组织长期下沉到乡村，取得了广大农民的信任，且有政企"双线运行机制"，易对接沟通国有企事业单位，有相应的政策支持，目前出现了一种新的现象，部分运营田园综合体的农业公司通过取得供销合作社托管授牌，间接获取供销合作社信用，通过合作共赢，服务土地托管业态。所谓供销合作社授牌制下土地托管合作模式主要的表现是农业投资公司与供销合作社达成框架性合作协议，由供销合作社授牌成立松散型土地托管企业，实质提供"半包"服务，为农业投资公司受托管的土地或租赁土地提供服务，供销合作社基于合作中的了解，协调金融机构为农业投资公司优先提供资金融通保障等工作。实质上来说授牌是一种行政授权，授权者供销合作社对被授权者农业投资公司有指挥和监督的权力，被授权者对授权者有按要求完成任务的义务。对于供销合作社参与的土地托管组织来说，主要获得了提供机耕、育苗、收割、提供农资等方面的服务及收入；对于农业投资公司来说，主要是获得专业的托管服务后能集中精力投资品的运营，并易于获得融资，特别是季节性、临时性资金需求，更易获得政策性的优惠贷款。供销合作社与土地托管农业运营公司通过授牌开展合作，在现代农业生态园建设中取得了共赢，供销合作社的专业服务队获得了稳定的业务来源，土地托管农业经营公司获得农户的信任以及一定量的政策支持，该模式的实践效果为其他农业运营公司多渠道运营提供了借鉴意义。但这种授牌合作方式毕竟属于松散型的框架合作，运营中的绝对主导权还在公司，另外供销合作社在政策支持公司和协调金融机构支持等方面还存在法理学上的缺陷，因此如何更好地融合供销合作社与公司的关系，规避法律缺陷，值得进一步加以研究。

（三）供销合作社土地托管服务成效

1. 提高了农业生产效益

首先提高了土地经营的规模化、科学化和专业化水平，有效实现了土地集中。在此基础上，合作社成立农机服务队，有效地实现了专业化和规模化统一经营；此外，合作社还为其成员提供免费的技术培训，包括种植技术、机械使用等内容，以提高合作社的科学种植水平和农业生产效益。同时降低了农业生产成本，保证了农资质量。合作社上联企业、下接农户，并将分散状态的农户组织起来统一购买农资以及农机，减少了中间流通环节，提高了农户的市场地位和谈判能力。一方面降低了农资的价格从而降低了农业生产成本，另一方面也有效保证了农资质量。合作社提高了农民的组织化水平，提高了市场地位，有效地降低了生产成本，避免了风险。

2. 促进了劳动力转移，带动了农民增收

合作社通过土地托管方式帮助当地兼业农户种粮，在提高农户种粮收益的同时，为农户节省出更多时间从事非农就业，提高了农户的总收益，带动了农民增收，实现了合作社对入社农户"离乡不丢地，不种有收益"的承诺。从这个意义上讲，土地托管将农民再次从土地上"解放"出来，同时给农户带来了更多的收益。

3. 增加了农田基础设施投资

农田基础设施投资日益减少，现有基础设施破坏、老化严重，得不到有效维护是当前制约农业生产效益提高的重要因素。供销合作社在开展土地托管服务的过程中，十分重视农田基础设施建设，并为此投入大量的资金。农田基础建设投资的增加不仅改善了生产条件，也为现代农业生产技术作用的发挥创造了条件，提高了农业生产效益。

4. 有效解决了"谁来种田"的问题

合作社作为重要的农业基层经济组织，能够以专业化的方式解决农业生产经营问题。合作社成立专门的农机服务队、农技服务队和农资服务队，以其专业化和科学化经营水平不仅提高了单产，更重要的是回答了"谁来种田"的问题，通过组织制度创新的方式解决了当前农业生产主体的问题。提高农业规模化生产，实现农民增收，可以让农民在不离乡守护土地的情况下就业。

5. 带动了区域内农业发展方式的转变

通过开展土地托管服务，实施规模化经营、标准化生产，有力带动了区域内农业的产业化、组织化和园区化发展，加快向产出高效、产品安全、资源节约、环境友好的现代农业转型升级。

6. 促进了农业增效、农民增收

通过开展耕、种、管、收等各个环节的产中服务，不仅较好地解决了农业科技推广"最后一公里"的难题，也有力地促进了农业增效和农民增收。有供销合作社土地托管服务案例显示，通过土地托管服务，亩均可节支增效400～800元，经济作物增效达千元以上。

7. 加快了城乡统筹、一体发展

土地托管后，经营权仍在农民手中，既可保障他们安心外出打工获取务工收入，也能享有农业生产带来的收益，从而有效释放了农村富余劳动力，加快了农民市民化、新型城镇化进程。

8. 促进了农业科技推广应用

供销合作社土地托管依托专业平台和专业化服务队伍，将新型农业机械、新技术、新品种推广应用融入服务之中，打通了科技推广"最后一公里"，实现了农业降成本、增产量、提质量。

9. 推动了一二三产业融合发展

产业融合使多方受益，供销合作社作为土地托管的发起者，来自农业服务业，由供销合作社主导进行土地托管，其根本动力是第三产业与农业融合带来的高效益。通过土地托管服务，吸引农业龙头企业与供销合作社产权联结、融合发展，推动第一产业实现"接二连三"，使更多农产品附加值留在农村、富裕农民。

10. 推动了农业适度规模经营发展

农业适度规模经营适合我国国情，是实现农业现代化的重要途径。近些年来，供销合作社通过自身独特优势和综合改革进行托管服务，依靠生产规模、经营规模的扩大，提供"一条龙"产业服务，将原来隔离的分段式农业生产逐步发展为全产业链的集约化生产，通过服务规模化实现了农业经营适度规模化，在推动农业适度规模经营当中发挥了重要作用。

11. 增加了供销合作社的经济收益

开展土地托管服务，不仅使供销合作社农资经营等传统业务有了更加稳定的市场，而且也在服务中得到了合理的回报。同时，也促进了供销合作社基层组织体系向村居延伸、经营服务体系向田间地头延伸，使供销合作社在全托或半托服务中得到较高的经济收益。

12. 促进了供销合作社的改革发展

通过开展土地托管，供销合作社找到了为农服务的突破口，搭建了服务平台，打造了服务队伍，增强了服务能力。通过服务，得到了党委政府和农民的肯定和支持，提升了供销合作社形象，加快了供销合作社改革发展步伐。

13. 推广了"为农服务中心"的建设

为了更好地服务土地托管，山东省供销合作社提出了"为农服务中心"的概念后，全国积极学习相关经验。"为农服务中心"作为土地托管和农业社会化综合服务平台，逐步在全国推广建设。建立为农服务中心，整合市场主体服务，对土地托管经营活动进行监督和指导，在托管质量保证、帮助现有托管服务组织提升托管项目实施和过程管理能力、托管农户的权益保障等方面，都将起到很好的促进作用。

14. 助力农业绿色生态可持续发展，实现社会效益、经济效益、生态效益共赢

供销合作社系统在生产托管服务中，积极开展技术指导，引导农民科学施肥、科学防治，采取施用有机肥、配方施肥、高效无毒农药、秸秆还田等方式，逐步改善土壤结构、降低化肥农药使用量，走绿色环保农业发展之路。例如襄汾县供销合作社组建了无人机飞防大队，今年春耕以来，利用 26 架喷肥洒药无人机，开展飞防作业面积达 20 万亩。植保无人机的投入使用可以节省农药使用，有效地减少了农田土壤与水质污染，且作业时不会留下辙印，不会损伤作物，不会破坏土壤物理结构，不会影响作物后期生长，促进农业节本增效。

二、德州市市情和供销合作社社情概况

（一）德州市市情概况

1. 区位优越，交通便利

德州市地处黄河故道、运河之滨，是京津南大门、山东北大门，地理坐标为北纬 $36°24'25''\sim 38°0'32''$，东经 $115°45'\sim 117°36'$，因黄河古称"德水"，取"德水安澜"之意而得名。一方面，德州市历史底蕴丰厚，大禹、董仲舒、颜真卿等历史名人在德州市留下千古传唱的印迹；另一方面，德州市区位交通便利，自古素有"九达天衢、神京门户"之美誉，是全国交通运输主枢纽城市和京津冀"一小时交通圈"重要节点城市。德州市东与滨州市相连，南与济南市毗邻，西南与聊城市相接，西与京杭大运河、河北省衡水市相望，北与河北省沧州市相接，乘高铁可20分钟到济南、1小时进京、4小时抵沪。同时，德州市土地平整、水量充分。德州市境内几乎没有山岭地带，区域内平原特征十分明显，辖区内不同县、区、市之间高速路网密集。德州市总面积10356平方公里，占山东省总面积的7.55%，下设13个县市区，截至2022年末，常住人口557万人。

2. 农业资源优势明显

德州市位于黄河下游冲积平原，农业资源丰富、农业发展基础扎实、农业品牌特色鲜明。作为京津冀优质农产品供应基地，德州市常年粮食种植面积1600万亩左右、产量70亿千克以上，占全国1.1%、全省1/6，是全国5个整建制粮食高产创建试点市之一、全国第一个"亩产过吨粮、总产过百亿"的地级市，连续4次被评为全国粮食生产先进市，在全国率先开展首个大面积"吨半粮"示范创建和全国首批整市域推荐高标准农田建设试点。

3. 人口变化及地区分布

图10反映了德州市过往的常住人口变化情况。1964年德州市人口普查为398.85万人，1982年为551.39万人，1990年增至506.81万人，2000年增至529.37万人。2020年，第七次全国人口普查显示，德州市全市常住人口为561.12万人，家庭户185.78万户，男性282.14万人，女性278.98万人。辖域人口分布相对均匀，其中德城区69.53万人，经济技术开发区22.33万人，运河经济开发区8.65万人，陵城区48.68万人，宁津县47.33万人，庆云县31.81万人，临邑县47.34万人，齐河县57.64万人，平原县41.91万人，夏津县45.81万人，武城县35.37万人，乐陵市55.92万人，禹城市48.80万人。

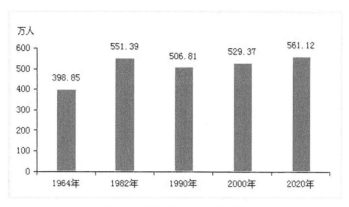

图 10　德州市常住人口变化

4. 气候特征及县域分布

德州市气候属暖温带大陆性季风气候，四季分明，干湿季节明显。全市年平均气温 13.2℃，各县（市、区）在 12.6℃～13.8℃。年内降水偏少且过分集中，降水主要集中在夏季。全市年平均降水量 535.87 毫米。光热资源丰富，光照充足，全市年平均日照时数 2483.6 小时。全市年平均大风日数 5.8 天。全市年平均雾日数 23.8 天，各县（市、区）16.6～31.4 天。全市年平均霜日数 73.7 天，各县（市、区）55～86.9 天。日最高气温≥35℃的日数全市平均9.4 天，各县（市、区）8.1～10.9 天。日最高气温≥35℃的最长连续日数全市平均 7.8 天，各县（市、区）7～9 天。日最低气温≤0℃的日数全市年平均 105.9 天，各县（市、区）94.9～114.9 天。日最低气温≤－15℃的日数全市年平均 10 天，各县（市、区）0～1.7 天。日最低气温≤－15℃的最长连续日数全市年平均 4.5 天，各县（市、区）1～5 天。

（二）德州市供销合作社社情概况

德州市供销合作社成立于 1950 年 5 月，现有 11 个县级社、169 个基层社、127 家社有企业（市直企业 15 家、县级 112 家），在册职工 1.5 万人，土地 1.1 万亩。2021 年新一届德州市供销合作社领导班子成立以来，面对底子薄、问题多、实力弱的现实状况，在全国总社、山东省省社的关心支持和德州市委市政府的坚强领导下，德州市供销合作社以党建为统领，以巡察整改为抓手开展多方面工作。2021 年以来，德州市供销合作社连续两年荣获山东省供销合作社系统业务评价一等奖，德州市综合考核二等奖；荣获"山东省文明单位"、德州市"五型创建"先进单位和德州市"诚信单位"等多个荣誉称号。

1. 供销服务功能

德州市供销合作社成立于1950年5月。自成立起，德州市供销人立足当地农业农村实际，始终如一服务党和国家"三农"工作大局，始终如一担当党和政府密切联系群众的桥梁纽带，始终如一坚守为农服务宗旨，认真履行为农服务职责，在保障市场供应、服务城乡群众，促进农村、农业发展过程中发挥了重要作用。改革开放以来，特别是近几年来，德州市供销人主动立足地方"三农"工作大局，聚焦服务"三农"，不断深化综合改革，进一步健全和完善组织体系和经营服务体系，服务领域延伸拓展，服务模式不断创新，服务水平不断提升，服务能力显著增强，在建设现代化农业、繁荣农村经济、促进农民增收等方面发挥着不可替代的重要作用，得到当地各级党委、政府的充分肯定和广大农民群众的信任及认可。

2. 供销社系统组织体系

截至2022年底，德州市供销合作社系统有11个县级社、169个基层供销社、127家社会企业（市直企业15家、县级112家），在册职工1.5万人，土地1.1万亩，房屋94.8万平方米。德州市供销合作社是市政府直属的参照公务员法管理的正县级事业单位，机关编制35人，下设办公室、人事教育科、财务审计科、合作指导科、现代流通科、资本运营科等6个科室。

3. 农业社会化服务载体

近几年来，德州市供销合作社按照"农服公司＋为农服务中心"的发展模式，积极构建以供销合作社为主导、龙头企业为骨干的综合性、规模化、可持续性的农业社会化服务体系。截至2022年底，德州市全市供销社系统已建成具有土地托管、农技作业、统防统治、粮食烘干、农民培训等多种服务功能于一体的为农服务中心70处，拥有大型农机设备738台套、植保无人机195架、粮食烘干机89台套，仓储面积26.7万平方米。2022年底，德州市供销合作集团为农服务公司在平原、禹城、宁津、齐河等地全托管土地8500亩，省市县三级供销合作社联合成立的5家农夫公司全程托管土地4万余亩，全市供销社系统单环节服务面积826万亩次。

4. 农业社会化服务模式

围绕"吨半粮"生产能力建设和农村"三类地"开发利用，德州市大力推荐"土地股份合作＋全程托管服务"新模式，在山东省供销合作社系统率先创建"土地股份合作＋全程托管服务"试点推广示范区，为村党支部创办的合作社提供全托管服务，全方位打响做强"供销农服"品牌。2021年以来，德州市有9个县市区政府与山东省供销合作社签订农业社会化服务战略合作协议，成为山东省首个实现全域推广"土地股份合作＋全程托管服务"的市。2022年德州市供销合作社共帮助190多个村开展农业生产的全程托管服务，托管服务土地10.38万亩，实现每亩助农增收150元以上，每年助力村集体增收1600余万元。

5. 农业社会化服务协调机制

自2021年起，德州市供销合作社系统组建多支"三农"服务队，市供销合作社制作"三夏""三秋"生产服务地图，逐步完善"农机作业、全市统筹"高效联动机制，农业社会化服务水平加快提升。2021年10～11月，面对严重秋涝极端天气，全市供销合作社听从党委政府召唤，组织协调履带式玉米收割机360多台、轮式收割机410多台，收割玉米34.5万亩，烘干玉米14.7万余吨，解决了农民晒粮难、储量难、销量难的问题。其土地托管服务的做法得到了山东省社、德州市社、市政府领导的充分肯定和广大农民群众的广泛认可，先后被中央电视台、山东电视台及《中华合作时报》《大众日报》《德州日报》、德州通讯杂志等新闻媒体进行宣传报道。

三、德州市土地托管实践模式与主要做法

面对"底子薄、问题多、实力弱"的发展环境，德州市大力开展"土地股份合作＋全程托管服务"的实践模式，当地供销合作社通过土地托管服务，成立由村党支部牵头，引导农民自愿以土地经营权入股成立土地股份合作社，使土地变"股金"、农民变"股东"，不仅有效降低了施肥、播种、机械等成本，推进了土地规模化经营，而且农民不用出力就能获得分红，又能外出打工挣钱，种地打工两不误，村集体也有了收入，供销合作社也得到了发展壮大。

（一）发展路径

1. 实施全托管服务模式

以往，当地主要采取的一家一户分散经营的农业生产模式，造成一家一户干不了、干不好、干了不划算等生产难题。现今，供销合作社农服公司提前垫资，对整合后的土地实施全程托管服务，采取"保底收益＋分红"模式（全年保底收益每亩800元，小麦、玉米两季各400元），扣除全部种植成本后，盈余部分按供销合作社农服公司、村集体、农民4:3:3比例进行分红。图11为全程托管服务模式下的盈余分配结构。

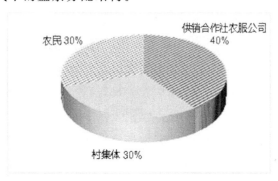

图 11 全程托管服务模式下的盈余分配结构

2. 着力打通农技应用"最后一米"

为确保粮食高产稳产，供销合作社农服公司组建专业团队，聘请农业专家做技术指导，精准施肥用药，肥料用量可减少15％以上；成方连片规模种植，有效种植面积可提高5％以上；采用先进大型农机和无人植保机作业，提高了作业效率；直接从厂家购进优质农资，降低了投入成本，每亩种植成本降低100元以上；种植优质小麦、玉米品种，售价比普通品种高0.05元/斤以上。同时，山东省作物学会与齐河县农业农村局在2022年签订了《科技支撑"吨半粮"生产能力建设》科技合作协议，依托学会人才、技术等资源优势，以现场指导、技术培训、专家测产等形式，为齐河县"吨半粮"建设提供科技支撑，完善"吨半粮"技术标准体系。

3. 争取上级政策支持，抢抓发展机遇

2021年2月，山东省政府出台了《关于支持供销合作社深化土地托管服

务增强为农服务能力的指导意见》。德州市供销合作社紧抓发展机遇，会同德州市委组织部、市农业农村局于 2021 年 8 月联合出台了《关于深化土地托管服务促进村党组织领办合作社高质量发展的实施意见》，明确任务目标和工作重点，推动各县市区政府与省供销合作社对接合作，签订战略合作协议，推广"土地股份合作＋全程托管服务"模式，促进农业适度规模经营。在市供销合作社积极协调下，乐陵、庆云、平原、宁津、夏津等 9 个县市区政府先后与省供销合作社签订战略合作协议。3 月 14 日，德州市政府与山东省供销合作社签订了战略合作协议，整合省市县三级资源，推动土地托管提质阔面增效。

4. 建设为农服务中心，搭建综合服务平台

德州市供销合作社系统盘活利用基层供销社大院、棉厂等闲置资源，建设集土地托管、测土配方智能配肥、农机作业与存放维修、粮食晾晒烘干仓储、病虫害统防统治、农民教育培训等多种服务功能于一体的为农服务中心 70 处，占地面积 1848 亩，仓储面积 26.7 万平方米；拥有大型农机设备 738 台套，植保无人机 195 架、日飞防能力 13 万余亩，粮食烘干机 89 台套、日烘干能力 6000 余吨，依托为农服务中心等服务主体，为土地股份合作社及广大农民提供托管服务。省供销合作社投资 1000 余万元在夏津县"吨半粮"核心区雷集镇建设占地 30 亩、日烘干能力 500 吨、仓储面积 2000 平方米的粮食烘干仓储服务中心。

5. 成立农业服务公司，组建专业服务队伍

省市县三级供销合作社合作成立农服公司 5 个，为村党支部领创办的土地股份合作社提供全程土地托管服务。为确保粮食高产稳产，农服公司组建专业团队，聘请农业专家做技术指导，科学施肥用药；对原属各户地块统一平整，便于机械耕作和浇水；直接从大型生产厂家购进优质农资，减少流通环节，降低种植成本；运用卫星遥感技术，对所托管服务地块的土壤、病虫害、天气等情况进行分析，根据土壤有效养分含量，制定最佳施肥、病虫害防治方案；采用先进大型农机和无人植保机作业，提高作业效率；与大型面粉、淀粉生产企业合作，种植优质小麦、玉米品种，收购价高于普通品种。

6. 加强系统内外联合，打造供销服务品牌

市供销合作社连续三年举办"加强供销合作，助力乡村振兴"双招双引恳谈会，积极引进金融保障、农业社会化服务等项目落实落地；与市邮储银行、省农担公司德州管理中心等签订战略合作协议，为系统内农服公司、合作社等服务主体提供金融服务，累计协调贷款 1700 余万元。设立合作发展基金，制定基金管理办法，支持农服公司购买农机设备，提升服务能力，目前基金规模达到 800 余万元；打造集展示、应用、服务等功能于一体的"德州数字供销平台"，筛选入驻为农服务主体 79 个、专业合作社 72 个，定期公布农业生产服务地图和点位信息，推进农业社会化服务数字化、智能化升级。

（二）推进措施

1. 以党建为统领，促进党建与业务融合发展

2021 年新一届德州市供销合作社领导班子成立以来，面对底子薄、问题多、实力弱的现实状况，通过不断强化党建统领，促进党建与业务融合发展。一方面，市供销合作社党委班子成员牢固树立抓好党建是最大政绩理念，以党建聚人心、树形象，转作风、增活力，明思路、促业务，全面提升机关党建工作质量，有力推动和保障了全面工作的有效提升。各级领导对市供销合作社注重党建引领，狠抓党建、业务和作风建设互融互促的做法和成效给予较高评价。

另一方面，德州市供销合作社持续谋划打造党建文化新阵地，组织开展"不忘初心跟党走、二次创业展辉煌"党史社史融合教育，持续叫响"服务'三农'党旗红，融合发展双提升"党建品牌，大力传承"姓党为农"红色基因，创新开展省市县三级供销合作社党建联建、支部联学、群团联谊、业务联动"三级四联"共建共创行动，推动形成了山东省省社指引方向、统筹协调，德州市市、县社聚合资源、落实服务的党建业务共建共赢、风险利益共担共享的机制格局，着力解决了"合作社不合作，联合社不联合"的难题，推动优化了供销社系统政治生态。例如，2023 年 3 月 14 日，德州市供销合作社组织承办了省供销合作社与德州市政府战略合作协议签约暨重点项目推进会，5 个重点项目签约，有效释放了省市县"三级四联"的聚合效能。

2. 聚焦生产合作，健全农业社会化服务体系

一是牢记习近平总书记嘱托。习近平总书记高度重视粮食安全问题，强调"粮食安全是'国之大者'"，在党的二十大报告中提出"全方位夯实粮食安全根基""确保中国人的饭碗牢牢端在自己手中"，在中央农村工作会议上强调"要依靠自己力量端牢饭碗""保障粮食和重要农产品稳定安全供给始终是建设农业强国的头等大事"。十八大以来，习近平总书记先后十余次对供销合作社工作做出重要指示和批示，要求"各级党委和政府要围绕加快推进农业农村现代化、巩固党在农村执政基础，继续办好供销合作社"，要求供销合作社"加快成为服务农民生产生活的综合平台，成为党和政府密切联系农民群众的桥梁纽带"。

二是密切关注农民需求。当前，德州市农村种地人员以 50 岁以上的老人为主，年轻人绝大多数外出打工，不愿种地，也不会种地，老龄化、兼业化引发农业生产劳动力短缺，农民对社会化服务的需求旺盛。"谁来种地，地怎么种?"已成为摆在德州市农业发展面前的重要课题。

三是积极争取党政支持。2021 年 9 月，德州市在全国率先提出创建全国首个大面积"吨半粮"高产示范区，计划利用 5 年时间，实现 100 万亩核心区单产 1500 公斤以上、600 万亩辐射带动区产量达 1100 公斤以上，通过示范创建，带动粮食绿色高质高效高产。其间，德州市市委、市政府高度重视，在政策制度等方面给予大力支持。一方面，德州市为农服务中心建设分别列入近年德州市委 1 号文件和市政府工作要点，市、县财政每年列专项扶持资金 1000 余万元支持供销合作社建设农业社会化服务体系。2021 年德州市委组织部、市农业农村局、市供销合作社联合出台《关于深化土地托管服务促进村党组织领办合作社高质量发展的实施意见》。另一方面，德州市针对适度规模种粮，提升社会化服务水平的实施路径，建立了"四级书记抓粮"机制，层层落实书记"指挥田"，并把创建"吨半粮"示范区纳入经济社会发展综合考核。2022 年 8 月，德州市市委、市政府出台文件，全力推进"三类地"开发利用，其中将"农用地规模化经营"工作交由市农业农村局和市供销合作社负责。

四是积极搭建服务平台。德州市全市系统抢抓德州"吨半粮"创建重大机遇，以解决制约农业发展"种植成本高和劳动力投入高"的"两高"问题为切入点，全力推进现代农业服务规模化，打响了"农民外出打工、供销合作社给农民打工"品牌。2022 年德州全市系统社会化服务面积 826 万亩，共为 190 余个村全托管服务土地 10.38 万亩，年助力村集体增收 1600 余万元。同时，德州市供销合作社牵头建设集多种服务功能于一体的为农服务中心 70 处，占地面积 1848 亩，仓储面积 26.7 万平方米;拥有大型农机设备 738 台套，植保无人机 195 架、日飞防能力 20 余万亩，粮食烘干机 89 台套、日烘干能力 1 万余吨。

五是组建专业队伍。德州市供销合作社在山东省率先创建"土地股份合作＋全程托管服务"试点推广示范区，对接县市区政府，推进与省供销合作社签订农业社会化服务战略合作协议，成为全省首个全域推进"土地股份合作＋全程托管服务"模式的地级市。省市县三级供销合作社合资成立农业服务公司，为村党支部领创办的土地股份合作社提供全程土地托管服务。农服公司组建专业团队，聘请农业专家做技术指导；种植优质小麦、玉米品种，订单化、规模化、统一化种植；直接从大型生产厂家购进优质农资；采用大型先进农业机械作业；叠加农业保险、担保融资、政府购买服务政策等，耕、种、管、收、储、加、销各环节更专业、更科学。

3. 聚焦供销合作，推进县域商贸流通体系

近年来，德州市抢抓国家统筹推进现代流通体系建设重大机遇，推进实施三大"十百千"流通网络工程，完善提升数字供销平台，培育现代流通龙头企业，全域推进县乡村三级联动、一体发展的农村现代商贸流通体系建设，有效解决农产品"难卖"、优质日用品"难买"的"两难"问题，有力促进了城乡居民消费提质升级和应急状态下商品保供稳价能力。

一是全力构建三大"十百千"网络。按照"收、培、建、管、服"五字方针，建网点、畅渠道、强网络，全力打造"日用品下行、农产品上行、农资供应"三大"十百千"县域商贸流通服务网络，目前已建设、改造7处县级集配中心、120个乡镇综合服务站和1190个村级综合服务社。

二是打造"德州数字供销平台"。加快推进经营服务网点数字化、智能化升级，打造集展示、应用、服务、交易等功能于一体的"德州数字供销平台"，初步实现了基础信息可展示、应用便捷易操作、资源服务可对接、线上交易可闭环的四大功能，为农产品进城、日用品下乡和农资供应打通线上流通渠道。目前平台已筛选入驻流通企业387家，经营服务网点1280个，为农服务主体79个。

三是培育商贸流通龙头企业。培育日用品流通企业。市级供应链运营中心，开展镇、村网点店长培训，为日用品下行网络提供质优价廉的产品。供销商储超市，以便利店、社区店为主营业态，建设仓储集配中心，购置配送车辆，为市区群众提供便利服务。供销聚成工贸，依托社区功能性用房，发展城市社区综合服务社，为周边居民提供"供销就在您身边"的便捷服务。

四是培育农产品流通企业。供销集团点筹农业供应链公司，直接对接农产品种植基地，开展订单采购、标准化分拣，远销京津冀和上海、武汉、广州等地。供销孟农副产品公司，主营净菜加工业务，与德州、河北、天津等地大型商超对接开展配送，提升了德州农产品的附加值和品牌形象。

五是培育农资流通企业。组建成立的供销丰成农资公司，经营网点遍布鲁西北、冀东南，年购销化肥15万余吨，被全国总社、省社确定为应急保供重点企业，解决了多年来市级农资保供稳价无抓手的难题。与山东供销农服集团、德州市振兴乡村集团合作，共同成立山东供销农服集团鲁北有限公司，加快县域农资保供基地建设，将进一步提升全市供销合作社农资保供稳价龙头带动作用。

4. 聚焦信用合作，做好"供销＋"文章

积极发挥合作经济组织优势，以支持社有企业及产业链相关农户、家庭农场、农民合作社等新型农业经营主体为落脚点，打造"供销合作社＋信用＋金融"乡村振兴模式，不断强化市县两级供销合作社在服务地方经济、服务城乡居民中的作用。

一是做实合作发展基金。德州市供销合作社及5个县级供销合作社已设立合作发展基金，基金规模达到900余万元，累计使用500余万元，用于支持基层社改造经营设施、建设社区服务中心、为周边农民提供生产生活综合服务。齐河县供销合作社从合作发展基金中拿出162万元，为3处为农服务中心购置了农资配送车4辆、大型联合收割机2台、拖拉机1台、播种机2台、翻转犁1台、无人植保机7架、商贸流通服务配送车1辆，提高了供销合作社为农服务能力。

二是加强供销合作社与银行的合作。先后与工商银行、邮储银行、省农担公司德州中心等签订战略合作协议，为系统内企业、合作社等服务主体提供金融服务，累计为企业和合作社协调贷款1500余万元。

三是积极开展农业保险服务。省市县三级社合资成立农业服务公司，为村党支部领创办的土地股份合作社提供全程土地托管服务，累计签单保费30余万元，保险面积4.33万亩，保险金额3000余万元。

四是打造"诚信供销"经营品牌。与市发改委联合开展全市供销社系统商贸流通信用体系建设，按年度评选系统内农资、日用品诚信经营网点，打造供销诚信经营品牌，强化信用体系建设对全市供销合作社商贸流通体系建设的支撑作用。

5.聚焦高质量发展，联大、靠大、做大社有企业

一是深化社有企业改革。建立健全现代企业制度，市、县供销合作社均成立社有资产管理委员会，组建德州供销集团经理层及管理运营团队；妥善处理遗留问题，有序清退"僵尸企业"，清理注销了8家空壳公司，使社有企业在综合改革中实现了轻装上阵。推动形成集团化管理，乐陵、陵城等县市区供销合作社相继成立供销集团，实现了由管理资产向资本运营转变。

二是优化社有资本布局。2021年以来，德州供销集团统筹配置社有资本投入，持续拓展经营服务领域，形成了集农资、农服、商超、供应链、农产品上行多种业态于一体的多元化发展格局。推动系统内联合合作，在农业社会化服务、商贸流通、农资供应等业务上，推进市县两级社有企业相互参股，实现"股权＋业务"深度结合，全市"一盘棋"的局面逐步形成。

三是增强社有企业实力。2021年以来，连续成功举办三届"加强供销合作 助力乡村振兴"项目集中签约活动，与中国供销集团等多家央企强企在涉及"三农"多个领域达成合作，为社有企业发展注入新活力。目前，投资12亿元的中铁（齐河）国际冷链产业园项目、投资5亿元的中国供销（乐陵）冷链物流园项目和投资1.2亿元的供销商储超市仓储物流园项目均已开工建设。

四、德州市土地托管实践成效与现实意义

（一）实践意义

1.夯实了农业现代化基础

夯实了农业现代化基础，找到了一条实现土地规模化生产和服务的路径，解决了"农地谁来种、怎么种"的现实问题。德州市供销合作社通过发挥基层党支部和村集体的组织优势与政治声望，大力整合农户闲散土地，使碎地变整地、小田变大田，成方连片更利于统一种植和机械化作业，使得农机农艺融合、良种良法配套成为可能，为农业现代化奠定了基础。通过整合土地，去除垄背，可增加有效种植面积5％以上。在此基础上，以供销合作社为服务平台与载体，积极整合社有企业资源，联合农资企业和种粮大户等其他农业生产主体，大力推进土地全程托管服务，解决了一家一户干不了、干不好、干了不划

算等生产难题，使土地变"股金"，农民变"股东"，推进了土地规模化经营，实现了农民、村集体和供销合作社三方受益。

2. 提升了党在农村的执政地位

提升了党在农村的执政地位，找到了一条壮大村两委、村集体基层领导力和公信力的路径。"土地股份合作＋全程托管服务"创新了供销合作社、村集体和农户的利益联结方式，农民以土地入股的形式，在每亩保底收益800元基础上，还可二次分红100～400元。村集体以生产管理的形式，一年可增收150元/亩以上。县供销合作社牵头成立的大型综合为农服务中心，以提供农业生产资料供给和农产品统一对外加工销售的形式，得到三成左右的综合利润。例如省市县三级社成立的山东夏瑞农服公司，为夏津县新盛店等3个乡镇17个村9700亩土地提供全托管服务。新盛店镇宋里长屯村2025亩土地全部交由供销社托管，2022年，"农民保底收益＋二次分红"总收入1110元/亩，村集体全年增收62.93万元，这极大地增强了村党组织的凝聚力和战斗力。

3. 平衡了农民务农与务工收益

平衡了农民务农与务工收益，找到了一条既使农民外出务工，又能保障农民获取土地耕作收益的"双赢"道路。农民以土地入股的形式参与农业生产，具体生产中的选种、施肥、除病、收割、销售等劳作内容全部或部分托管给当地供销合作社服务，这极大地解放了农户滞留田间生产时间，降低了施肥、播种、机械等成本，同时保障了农户外出务工时间。更加专业的技术和生产服务，不仅提高了土地生产效率，而且增加了土地产出和农地收入。农民不用出力就能获得分红，又能外出打工挣钱，种地打工两不误。

4. 明确了"地权"整合责任

农业现代化的发展离不开农业生产服务规模化，而服务规模化的前提是土地规模化。应该看到，我国多数农业土地主要由分散的小农户在耕作。如何把小农户纳入现代农业的轨道，厘清农地整合的责任体系问题，是当前我国农业现代化的重要课题。在这个意义上，德州市供销合作社正在着力推行的土地托管，为明确农地规模化和服务规模化发展过程中的"地权"整合问题，提供了一个解决思路。通过村党支部领办合作社的形式，使小农户在不转让土地经营权的前提下实现经营的规模化，明确了村集体整合土地的责任问题。

5. 增强了粮食安全保障

土地全托管后，全部种植粮食作物，很好地化解了土地"非粮化""非农化"倾向；规模化经营，提高了单产；成方连片，增加了有效种植面积，有效保证了粮食生产的稳定性，确保了国家粮食安全。同时，统一耕种，实现了降本增效、提升了粮食品质。统一从厂家购进农资，减少了流通环节，每吨化肥降低成本450元以上。使用大型先进农机设备，提高了种植效率。如使用大型联合收割机，小麦的机损率从5％降低到1％以下；采用自走式喷雾机和无人植保飞机，比人工打药提高效率40倍以上。大面积种植，能够统一粮食品质，实现订单种植。农服公司与大型面粉加工企业合作，种植专用小麦品种，售价比普通小麦高0.02元/千克以上；市级农服公司与大型淀粉生产企业合作，开展糯玉米订单种植，收购价高出普通玉米0.07元/千克，每亩可增收200元以上。

（二）实践成效

通过"土地股份合作＋全程托管服务"，德州市创新出"农服公司＋土地股份合作社＋农户"（利益分配4:3:3）和"职业农民合伙人＋村集体＋农服中心分公司＋服务中心"（利益分配5:3:1:1）两种模式，并实现了农民增收、村集体获利、供销合作社受益的多方共赢局面。其实践积极成效主要包括加速技术和政策推广落实、优化农民与土地的关系、促进农业要素多维融合、增加各方收入、创新农业社会化服务模式等内容。

1. 加速了技术和政策推广落实

合作社是农业社会化服务的基础性和重要性载体，而农业社会化服务的供给能力则是合作社得以产生与发展的根本。德州市通过流转、托管等使土地经营向合作社集中，转变过去一家一户分散经营模式，开展集中连片规模化种植，把小麦"一喷三防"、玉米"一喷多促"、"六统一"等技术落实在田间村头。通过实施耕地地理提升工程和实施增产技术模式集成推广工程，加快良种良法配套，强化增产技术支撑，解决了"怎么种地"的问题。通过推行秸秆深耕还田、增施有机肥等耕地质量保护提升技术措施，把地力陪肥、土壤修复与基础设施建设相融合，实现核心区深耕技术覆盖率、配方肥利用率100％。同时，与农业农村部、山东省农业农村厅签署合作协议，组建技术指导团队大力实施和推广"六统一"技术（统一供种、统一深耕、统一播种、统一配方施肥、统一病虫草害防治、统一管理模式），将单项技术应用向多技术综合集成转变，实现了核心区覆盖率100%。

2. 优化了农民与土地的关系

通过发挥基层党支部和村集体组织优势，优化了农民与土地的关系，解决了"谁来种地"的问题。在保障农业规模化与专业化生产有序推进的同时，实现农业生产降本节支增效。一是实现了机械化规模化种植。土地整合后，成方连片统一种植粮食作物，很好地化解了土地"非粮化""非农化"倾向。实行规模种植，推动农机农艺融合、良种良法配套，提高了种植效率，解放了农村劳动力。二是能够降本节支增效。通过整合土地，可增加种植面积5%以上；测土配方智能配肥，化肥施用量比普通施肥降低15%以上，所施用的配方肥每吨低于市场价450元左右；机械撒肥，节省人工；推广小麦多次镇压技术，提高小麦抗冻抗倒伏能力；使用大型进口小麦联合收割机，费用下降30%左右，小麦损失率降低到1%；采用自走式喷雾机和无人植保机，比人工打药提高效率40倍以上，且喷药均匀。

3. 促进农业要素多维融合

"土地股份合作＋全程托管服务"涉及农户、村集体、农企、供销合作社等主体，在联结农户、农企、农业科研院所、政府等多方利益主体的同时，最大化地整合了农田、农种、农技、农机、农网、农策等农业生产要素，形成良田、良种、良农、良技、良机、良网、良策的多维合力与深度融合，加速推动农业高效增产、农民稳定增收。其间，通过提高地力、种力、农技应用、智慧管理、农机装备等手段，实现土地增产、节粮减损。通过配备玉米深松精密播种机、进口小麦条播机专业播种人员，提升播种质量，从种到收全程机械化。每年新建或提升10个农机合作社、10个高标准农机维修中心，粮食生产全程机械化率100%。

同时，通过订单种植提高了粮食品质。大面积种植优良品种，收集全部的24个小麦品种，从中筛选、培育最优质高产的新品种，从而提升粮食品质，打造"绿色粮仓"。与大型面粉加工企业达成协议，种植特色品种，售价比普通小麦高0.02元/千克以上；与宜瑞安食品配料有限公司（美国独资公司）合作开展订单糯玉米种植，收购价高出普通玉米0.05元/千克以上。同时，积极宣传农业政策，实施"节粮减损"行动，实现小麦机收损失率降至2%以下。

4. 实现了农户、村集体和合作社多方共赢

农民每亩保底收益 800 元左右，还可二次分红 100～300 元。同时，村集体有溢出土地分红收益和组织管理费收入，一年可增收 100 元/亩以上，增强了村两委的凝聚力和战斗力。如夏津县新盛店镇宋里长屯村 2025 亩土地全部交由供销合作社农服公司托管，2022 年，农民除每亩 800 元的保底收益外，两季分红 310 元/亩，全年收入 1110 元/亩；村集体全年增收 62.93 万元。有合作社托管的成本每亩 95 元，农户自管的每亩 120 元，每亩节省 25 元；小麦、玉米总种植管理成本，合作社托管比小农户自管减少 217.5 元，降低 22.3%。合作社在种、管、收各环节提供服务。

5. 创新了农业社会化服务模式

以社属企业参股形式整合资源，有效克服自身资金限制的同时，实现农业种、管、收、加工等农业产业链上下游服务全覆盖。例如与农资企业合作，提供测土配方等农业生产资料；入股中央或地方储备粮，提供粮食储备服务；入股农机合作社，提供农业机械化服务。县供销合作社推动构建基层供销合作社、村委、农民合作社共建"为农服务中心"，协调落实各种农业服务的提供。托管与半托管相结合，结合实际需要，农户可灵活选择产前、产中、产后的生产服务，参与方式更加灵活。在种、管、收环节激发种粮主体积极性，打通科技落地"最后一米"，让粮农成为粮食生产主力军。

五、存在问题和对策建议

（一）存在问题

1. 农户土地入股行为受市价影响较不稳定

土地适度规模经营是农业现代化的重要实现途径，不仅可以提高粮食产量和质量，更是农业现代化的必由之路。德州市通过"土地股份合作＋全程托管服务"模式，探索出了一条供销合作社深度参与的农地生产规模化和服务规模化道路。该模式得到当地农户、村集体的广泛认可。但调研中发现，尽管农户与村集体签订了土地入股合作协议，但协议的约束力不高，农户参与土地股份合作行为的稳定性和连续性很难得到保障，尤其是容易受到市场价格的影响。

例如，受玉米市场行情的影响，部分农户不愿意继续耕种入股协议约定的特定作物，反而脱离协议约定，独自选择耕种玉米。这种土地入股行为的随意性，严重损害了农地成方连片格局，加剧土地碎片化问题。短期内虽然可能增加了农户自身收益，但其持续性较差，更损害了集体的利益。

2. 村两委等种植大户利益难平衡

德州市在土地托管实践的过程中，强调供销合作社的关键作用，但在具体实践中，存在诸多阻力。其一便是乡间土地整合损害了村两委等种植大户的利益，导致种植大户的参与积极性不高。一方面，种粮大户是我国粮食生产供应的关键主体，其机械化和农技应用推广具有辐射小农户的示范引领优势，在收益尚可的情况下，许多种粮大户参与土地股份合作的积极性不高。另一方面，党支部领办合作社吸纳农户土地入股的行为，与种植大户承租农户流转土地的行为构成竞争关系。种植大户越多，党支部领办合作社所能吸纳的入股土地越少，规模化服务的成本越高。反之，党支部领办合作社越发达，种植大户可承租的流转土地越少，生存空间越低。尤其在农村劳动力外流背景下，许多种粮大户实际上是乡村干部的化身，土地托管实践挤压了这部分人的利益空间。虽然他们碍于党员身份和政治压力，加入了土地股份合作，但其内在动力有待商榷，尤其是他们的利益受损严重时，可能阻碍土地托管实践的推行。

3. 土地托管以半托管为主，全托管占比较小

不同于其他地区以民间自发探索实践为主，德州市在土地托管实践的过程中，供销合作社发挥着关键的作用，尤其是通过基层党支部领办合作社，实现乡间耕地连片规模化种植，很好地化解了土地"非粮化""非农化"倾向，也极大提升了地理利用水平和农产品质量。但总体而言，德州市开展全程土地托管的耕地面积相对较少，更多耕地是以半托管的形式进行农业生产，农户包括种植大户更倾向于在播种、施肥和收割等产中、产后某一环节购买服务。

4. 上下联合、适度规模难把握

土地流转和适度规模经营在官方文件和媒体报道中被认为是发展现代农业的必由之路，但适度规模的点是无法确定的，尤其是不同地区生产管理经验和技术应用水平差异较大，规模选取不当，极易导致技术水平及生产要素的衔接失衡，造成农地效率损失和农地浪费。德州市开展土地托管实践走在了全国前列，但同样面临类似问题，同年同块1000亩地，因人、因地、因业的差距很大，有人实

现生产增收，有人最终生产亏损。不少入股的种植大户或职业种植合作人，受到管理经验和能力的限制，各自可承接的规模差异较大，许多农户无法把握适度规模的尺度，选择过多或较少土地管理，均造成了农业生产资源的极大浪费。

5. 基层供销合作社的经济收益不佳

就德州市土地托管实践而言，县级供销合作社发挥着关键作用。而就供销合作社体系来说，土地托管已引起中央的重视，县级供销合作社在推动土地托管时有足够的政治动力，但基层供销合作社的经济收益问题仍有待解决。作为土地托管的推动者，县供销合作社最初的目标之一是解决自身的经济困难，经济收入是供销合作社的另一重要驱动，尤其是对基层供销合作社来说。建在各乡镇的为农服务中心，很大程度上是基层供销合作社在运营。由于土地托管的服务与一般市场化的服务没有本质的差异，难以产生增量，因此正如村两委难以从土地托管中获取收益一样，基层供销合作社也难以从托管中获取实际的利益。与村两委有所不同的是，基层供销合作社隶属于县供销合作社，因此基层供销合作社的人员服从县供销合作社的工作安排，加之基层在职人员领取全额财政工资，因此他们本身不存在如村干部一样缺乏积极性的问题；问题在于，供销合作社进行土地托管的初衷之一是解决自身的经济收入问题，如果仍只能靠国家财政维系几个在职在编人员的工资，基层供销合作社的经济困难仍未解决，土地托管也仍未达成最初的目标。

6. 农户组织化程度不高

土地整合是对接农业规模化服务的前提，其实现形式包括加大土地流转和提高农户组织化程度，德州市主要采用前种手段。然而，随着土地托管实践模式的全省铺开，流转"解放"的农村劳动力难以在短期内被城市就业市场吸纳的情况下，供销合作社如何进一步推动农民的组织化，解决这种土地托管模式的组织成本问题，调动村两委、基层供销合作社的积极性，是当前土地托管需要解决的问题。

（二）对策建议

总体的思路是：以"合"促"活"，以"活"做"强"。即通过资源整合、要素融合、纵向结合、横向联合，把资源盘活、人员激活、机制用活、服务搞活，最终实现供销实力强、服务强、形象强、地位强，努力走出一条新时代供销合作社改革发展之路，奋力开创德州市供销合作事业高质量发展新局面，在促进乡村振兴和农业农村现代化中彰显供销价值、体现供销担当。具体实践中，需要注意以下几点。

1. 大力宣传模式意义，稳定农户参与行为

推进土地全程托管，需要进一步做好政策宣传引导，充分发挥示范社的带动引领作用。一是加大宣传力度。充分利用各种渠道，向群众广泛宣传全托管的好处，调动群众参与全托管积极性。二是加强组织动员。由各级党委、政府引导村党支部领办土地托管合作社，将农户土地组织起来托管给社会化服务中心，实现"供销农场"连片或相对连片托管、整村推进。三是及时总结经验做法，不断完善可复制可推广的实践模式，从而争取更多政策倾斜和上级部门支持。要主动向当地党政领导汇报工作进展和困难之处，进一步争取上级重视，争取乡镇党委、政府给予建设用地和建设环境的支持，同时也要争取建设地点村两委的支持。同时，要充分宣传全程托管的实践意义，包括增强粮食安全、强化村党委执政地位、促进农民增收、改善农地关系、增进供销社系统与农民的紧密度等，从而化解各类农业资源整合阻力，有效调动村集体、农户和社会组织的参与积极性。

2. 充分调动和保护村两委利益

山东省土地托管中的行政动员，最典型地体现在村委对农户的组织上。尽管从供销合作社人员的角度，全托管是将来的推动方向，但就目前来看，大多数托管实践仍然以半托管为主。无论在半托管还是全托管中，都需要对农民进行一定的组织，以对接规模化的服务。从组织农户的角度，村两委是最有动员能力的主体，然而，村委如何有动力来对分散的农户进行组织，却是值得探讨的问题。目前，德州市村委介入土地托管工作部分来自上级政府的政治压力，如此，想要将这种托管模式推广出去，困难就会凸显。尤其是在不少村干部化身为种植大户的背景下，在推进土地全程托管的实践中，需要进一步保障种植大户尤其是村两委的利益，从内而外地调动村干部的积极性。

3. 加快数字化治理，加大管理技术培训

数字化和智能化是农业发展的未来趋势，德州市在土地托管实践上已走在全国前列，但其规模化服务过程中仍面临数字化技术落地应用难的问题。如何通过加强数据要素使用，增强社员尤其是种植大户或职业种植合伙人的管理水

平，成为进一步提升农业服务效率和生产收入的关键。一是要以数字技术与主流业务深度融合为主线，加强数字基础设施建设，不断优化供销合作社的数字平台，为构建供销合作社的数字化服务提供有力支撑。二是要提升装备智能化水平。积极采用或研究开发智能农机装备专用传感器，推动智能控制、精准种植、智能施肥施药。三是要进一步规范生产过程标准化建设，实现农产品安全优质生产，形成上下一张网、线上线下融合发展的农业生产全程社会化综合服务体系，努力把供销合作社打造成为农民生产生活服务综合平台。四是要统筹开展"数商兴农"和"数字供销"建设，合力培育农产品电商品牌，共同提升农村电商应用水平。

4．积极做好农业适度规模经营

发展农业适度规模经营是保障我国粮食安全、实现农业现代化的重要途径，同时也是实现农业增效、农民增收的现实保障。但目前，人们对农业适度规模经营还存在一些认识误区。这需要准确理解农业适度规模经营内涵，把握好规模经营的尺度。一是要正确理解农业适度规模经营的内涵，规模经营不单是土地的集中经营，产前、产中和产后其他环节的规模化也属于规模化经营的范畴。二是要准确把握规模经营的尺度。农业规模经营需要集中土地，但集中土地不是目的，目的是充分发挥各生产要素的协同效应，降低农业生产成本，提高农业效益和竞争力。土地经营规模并不是越大越好，而是要同发展实际相适应。现阶段，我国农村较为合理的土地经营规模是当地户均承包地面积的10倍到15倍。同时，适度规模经营是一个动态的相对概念，"适度"的标准在不同地区、不同情况下是不同的。三是要科学认识规模经营的效益。经营规模是否适度，就是看综合效益是否达到最佳程度，包括农业生产是否稳定发展，农业劳动生产率、土地产出率、资源利用率以及农业经营主体收入等是否稳定提高。

5．加强农民职业培训，解决经营管理的人才需求

大力开展新型职业农民教育培训，整合教育培训资源，围绕主导产业开展农业技能和经营能力培训，扩大农村实用人才和带头人示范培养培训规模，努力构建新型职业农民和农村实用人才培养、认定、扶持体系，建立公益性农民培训制度，探索建立培育新型职业农民制度。只要农民达到一定的标准国家就要给予扶持，农民掌握的农业技术越多越熟练，达到的技术等级越高，扶持力度也要随之加大。这种扶持应该成为一种常态、一个明确的制度，用制度来引导广大农村青壮年，使他们安心、专心搞农业，使他们觉得搞农业有出息、有奔头。

6. 加大新闻媒体作用的发挥

充分利用广播、电视、报纸、网站、新媒体等各类媒体媒介，宣传国家政策和地方实践动态，帮助各类农业管理主体和生产主体等充分认识土地入股合作的实践意义，及时宣传邻近区域的好经验、好做法、好典型，增进认知认同，凝聚多方共识，营造良好舆论氛围。一方面要注重拍摄一些短视频和照片，将视频、声音、文字、音乐完美融合，将政治性、故事性、传播性有机结合，用老百姓喜闻乐见的形式传达好供销合作实践的声音，不断提高新闻舆论的传播力、引导力、影响力、吸引力和感染力。另一方面要做大做强主流舆论，营造合作共识氛围。组织对示范社建设的成功事例和带头人先进事迹的经验交流，加强土地托管政策宣传，引导农户积极开展生产合作。同时，各地的探索实践表明，促进农民增收，农民是主体，要借助新闻媒体的力量，激发农户主体意识、增强主体能力，充分释放蕴藏在群众中的创造力，形成增收的强大合力。

六、经验总结

德州市于全国率先推出"土地股份合作＋全程托管服务"模式，解决了土地规模经营中"地权"整合的责任主体问题，在促进村集体获利、农户增收和供销合作社获益的基础上，有效保障了当地粮食生产安全，其先进做法得到当地市委市政府、省委省政府和中华全国供销合作总社的认可。德州市供销合作社在弘扬供销合作社"奉献""实干"精神的基础上，敢为创新、勇于担责，其精神值得高度肯定和各地学习，其经验值得各地借鉴和交流，其实践中蕴含的理论值得进一步提炼、深化和丰富。基于此，本部分结合实践调研情况，就德州市"土地股份合作＋农业社会化服务"实践模式进行了介绍。

一是德州市农业发展基础具有比较优势。相较于其他地区，德州市区位优越，交通便利，是全国交通运输主枢纽城市和京津冀"一小时交通圈"重要节点城市，其地域空间呈哑铃型结构，辖区内各县、区、市之间高速路网密集。由于位于黄河下游冲积平原，德州市土地较为平整，市境内几乎没有山岭地带，区域内平原特征十分明显，农业连片规模化生产基础扎实。同时，德州市水系发达，拥有黄河等干流3支，为农业生产提供充足的水环境支持。此外，德州市供销合作社高度重视土地托管实践，积极争取并获得德州市市委、市政府和山东省委、省政府，以及国家相关部门的重视和政策支持，从而为德州市推广土地托管实践营造稳定有利的政策和制度环境。

二是供销合作社在德州市土地托管实践中发挥着关键作用。德州市供销合作社在推广"土地股份合作＋全程托管服务"之初面临"底子薄、问题多、实力弱"等问题，但通过土地托管服务，成立由村党支部牵头，引导农民自愿以土地经营权入股成立土地股份合作社，使土地变"股金"、农民变"股东"，不仅有效降低了施肥、播种、机械等成本，推进了土地规模化经营，而且实现了"农户增收、村集体获益、供销合作社获利"的三方共赢结果。其先进做法不仅夯实了农业现代化基础，找到了一条实现土地规模化生产和服务的路径，解决了"农地谁来种、怎么种"的现实问题，而且提升了党在农村的执政地位，找到了一条壮大村两委、村集体基层领导力和公信力的路径。在平衡了农民务农与务工收益，找到了一条既使农民外出务工，又能保障农民获取土地耕作收益的"双赢"道路的同时，明确了"地权"整合责任，有效增强了粮食安全保障。

三是德州市土地托管实践具有可推广复制性。其发展路径包括实施全托管服务模式，强调村党支部整合农户土地的关键作用；通过组建专业技术团队，着力打通农技应用"最后一米"；积极结合实践进展，争取上级政策支持，抢抓发展机遇；通过建设为农服务中心，搭建综合服务平台，充分发挥供销合作社为农服务功能；由省市县三级供销合作社联合成立农业服务公司，为村党支部领创办的土地股份合作社提供全程土地托管服务；加强系统内外联合，打造供销服务品牌。其推进措施主要包括以党建为统领，促进党建与业务融合发展；聚焦生产合作，健全农业社会化服务体系；聚焦供销合作，推进县域商贸流通体系；聚焦信用合作，做好"供销＋"文章；聚焦高质量发展，联大、靠大、做大社有企业等。

四是德州土地托管实践仍面临可持续发展问题。一方面，农户土地入股行为受市价影响较不稳定，农户土地入股行为的随意性较大，协议约束的作用不显，损害了农地成方连片格局。同时，土地托管实践与种植大户承租农户流转土地的行为构成竞争关系，而不少种粮大户实际上是乡村干部的化身，村两委参与的内生动力不足。另一方面，供销合作社在土地托管实践中发挥着关键的作用，但土地托管以半托管为主，全托管占比较小，且人们对农业适度规模经营还存在一些认识误区，阻碍了土地托管效益的提升。此外，随着土地托管实践模式的全省铺开，流转"解放"的农村劳动力难以在短期内被城市就业市场吸纳的情况下，供销合作社如何进一步推动农民的组织化，是当前土地托管需要解决的问题。

五是下一步土地托管实践应以"合"促"活"，以"活"做"强"。一要大力宣传模式意义，稳定农户参与行为，着力化解各类农业资源整合阻力，有效调动农户参与积极性。二要在推进土地全程托管的实践中，充分调动和保护村两委利益，从内而外地调动村干部的积极性。三要加快数字化治理，通过数据要素使用，增强社员尤其是种植大户或职业种植合伙人的管理水平，进一步提升农业服务效率。四要积极做好农业适度规模经营，关键是准确理解农业适度规模经营内涵，把握好规模经营的尺度，科学认识规模经营的效益。五要整合教育培训资源，加强农民职业培训，解决经营管理的人才需求，用制度引导广大农村青壮年安心、专心地搞农业，使他们觉得搞农业有出息、有奔头。六要发挥好新闻媒体宣传作用，用老百姓喜闻乐见的形式传达好供销合作实践声音，做大做强主流舆论，营造合作共识氛围，形成增收的强大合力。

第六部分 全国供销合作社电子商务发展研究

电子商务是我国数字经济重要的源头，是数字经济最活跃、最集中的新产业、新业态、新模式，是数字经济最重要的组成部分和数字经济发展最主要的推动力。加快发展电子商务是企业降低成本、提高效率和拓展市场的有效手段。电子商务不断普及和深化对于优化产业结构、支撑战略性新兴产业发展和形成新的经济增长点具有非常重要的作用，对于提升消费需求、改善民生和带动就业有着十分重要的意义。

农村电商是发展数字经济、乡村振兴和数字乡村建设最好的抓手，供销合作社发展电子商务具有独特优势，不仅具有庞大的实体网络，还拥有供销社系统的组织资源和国家财政支持。2022年中央1号文件对农村电商领域提出新举措——实施"数商兴农"工程，这一工程的实施将对供销合作社进一步发展农产品电商起到良好的推动作用。2023年中央1号文件提出，持续深化供销合作社综合改革，全面推进县域商业体系建设。2023年2月27日，中共中央、国务院发布《数字中国建设整体布局规划》等，是我国农产品电商进一步发展的指导政策。

一、农村电商的发展阶段

2005年，中央1号文件第一次提到"电子商务"，"鼓励发展现代物流、连锁经营、电子商务等新型业态和流通方式"。与此同时，2005年1月8日，我国第一个专门指导电子商务发展的政策性文件——《国务院办公厅关于加快电子商务发展的若干意见》（国办发〔2005〕2号）发布，提出了国家对我国发展电子商务的八条重要意见，确立了我国促进电子商务发展的六大举措。

在十几年的发展中，我国农村电商发展进程大体可分为以下三个阶段。

（一）第一阶段（2003—2015年）

2003年至2015年，是农村电商发展路径探索阶段。2005年中央1号文件主要从流通方式、交易方式和平台建设的角度对农村电商做出新要求。一是从流通方式角度要求大力发展电子商务。2005年、2007年、2010年都提出，大力发展物流配送、连锁超市、电子商务等现代流通方式。2012年提出，充分利用现代信息技术手段，发展农产品电子商务等现代交易方式。2005年中央1号文件第一次提到"电子商务"，到提出实施"数商兴农"工程、"快递进村"工程和"互联网＋"农产品出村进城工程，中央政府把握了农村电商的发展规律和趋势，关于发展农村电子商务的工作思路逐步明确了。二是从交易方式的角度强调发展农产品电子商务。2014年提出，启动农村流通设施和农产品批发市场信息化提升工程，加强农产品电子商务平台建设。三是加强农产品电子商务平台建设。2013年提出，大力培育现代流通方式和新型流通业态，发展农产品网上交易、连锁分销和农民网店。

2005年以后，我国电子商务发展迅猛，2013年电子商务交易总额突破10万亿元，2014年达到13.4万亿元，成为经济发展的新亮点和新动能。2015年5月发布了《国务院关于大力发展电子商务加快培育经济新动力的意见》（国发〔2015〕24号），提出积极发展农村电子商务，开展电子商务进农村综合示范，支持快递服务网络向农村地区延伸；2016年12月，商务部、中央网信办、发展改革委三部门联合发布《电子商务"十三五"发展规划》，提出"电子商务促进农业转型升级""积极开展电子商务精准扶贫"，开展电子商务促进县域经济行动、"电商扶贫"专项行动。

（二）第二阶段（2016—2020年）

从2015年以后，农村电子商务在促进农产品上行、推动农业数字化转型升级、带动农民就业创业和增收、改善提升农村风貌等方面成效显著，成为推动脱贫攻坚、乡村振兴和数字乡村建设的重要抓手。中央1号文件加大了对农村电子商务的部署，逐步提出了更高的要求，明确了农村电商的主要工作方向。

一是加大物流基础设施建设和完善县乡村三级农村物流体系。2016年提出，加强商贸流通、供销、邮政等系统物流服务网络和设施建设与衔接，加快完善县乡村物流体系，实施"快递下乡"工程。2017年提出，加强农产品产地预冷等冷链物流基础设施网络建设，推动商贸、供销、邮政、电商互联互通，加强从村到乡镇的物流体系建设，实施"快递下乡"工程。2018年提出，大力建设具有广泛性的促进农村电子商务发展的基础设施，建设现代化农产品冷链仓储物流体系，支持供销、邮政及各类企业把服务网点延伸到乡村。2020年提出，支持供销合作社、邮政快递企业等延伸乡村物流服务网络，加强村级电商服务站点建设。2021年提出，加快完善县乡村三级农村物流体系，改造提升农村寄递物流基础设施。

二是开展电子商务进农村综合示范。从2015年开始，提出开展电子商务进农村综合示范；2016—2018年又连续三年提出深入实施电子商务进农村综合示范；2019年提出深入推进"互联网＋农业"，继续开展电子商务进农村综合示范。

三是健全农村电商服务体系。2016年提出，建立健全适应农村电商发展的农产品质量分级、采后处理、包装配送等标准体系，支持地方和行业健全农村电商服务体系，形成线上线下融合、农产品进城与农资和消费品下乡双向流通格局。2017年提出，加快建立健全适应农产品电商发展的标准体系。2018年提出，打造农产品销售公共服务平台，健全农产品产销稳定衔接机制。2020年提出，有效开发农村市场，扩大电子商务进农村覆盖面，推动农产品进城、工业品下乡双向流通，实施电子商务技能培训。2021年提出，深入推进电子商务进农村和农产品出村进城，推动城乡生产与消费有效对接。

四是支持涉农电商载体建设和新模式发展。比如，2015年提出，支持电商、物流、商贸、金融等企业参与涉农电子商务平台建设。2016年提出，鼓励大型电商平台企业开展农村电商服务。2017年提出，支持农产品电商平台和乡村电商服务站点建设，促进新型农业经营主体、加工流通企业与电商企业全面对接融合，推动线上线下互动发展；鼓励地方规范发展电商产业园，聚集品牌推广、物流集散、人才培养、技术支持、质量安全等功能服务。2018年提出，鼓励支持各类市场主体创新发展基于互联网的新型农业产业模式。

（三）第三阶段（2021年以后）

2021年以后，农村电商发展进入"数商兴农"高质量发展新阶段。"数商兴农"行动是商务部2021年部署的数字商务建设的五大行动（消费数字化升级行动、"数商兴农"行动、"丝路电商"行动、数字化转型赋能行动、数字商务服务创新行动）之一。2021年1月，商务部下发了《关于加快数字商务建设服务构建新发展格局的通知》，专门部署了数字商务建设工作。2021年6月，《商务部落实〈中共中央、国务院关于实现巩固拓展脱贫攻坚成果同乡村振兴有效衔接的意见〉实施方案》再次提出，要在推动流通提升方面实施"数商兴农"。"数商兴农"是发展数字商务振兴农业的简称，是农村电商的升级概念。"数商兴农"就是充分释放数字技术和数据资源对农村商务领域的赋能效应，全面提升农村商务领域数字化、网络化、智能化水平，提升电商与快递物流协同发展水平、提升农产品可电商化水平，推动农村电子商务高质量发展，进而支持和促进农业农村的生产发展和乡村产业振兴。简而言之，"数商兴农"是根据"商"与"农"互联互促的经济规律，通过数字技术和数据要素赋能农村商务发展，涉农商务数字化转型进一步促进农业生产数字化和产业振兴。

2021年10月，商务部、中央网信办、发展改革委三部门联合发布的《"十四五"电子商务发展规划》明确指出，实施"数商兴农"行动。包括：引导电子商务企业发展农村电商新基建，提升农产品物流配送、分拣加工等电子商务基础设施数字化、网络化、智能化水平，发展智慧供应链，打通农产品上行"最初一公里"和工业品下行"最后一公里"；培育农产品网络品牌，加强可电商化农产品开展"三品一标"认证和推广，深入开展农产品网络品牌创建，大力提升农产品电商化水平。由此来看，"数商兴农"行动着眼于改善农村电商的基础设施、物流配送和农产品电商化，促进产销衔接，是电子商务进农村综合示范工程的升级。"互联网＋"农产品出村进城工程由农业农村部牵头实施，到2021年底，基本完成100个县试点建设任务，探索形成了一批符合各地实际、可复制可推广的推进模式和标准规范。《"十四五"电子商务发展规划》提出，推进"互联网＋"农产品出村进城工程，加强农产品品牌建设和网络营销，提升农产品供应链、产业链现代化水平。

以实施"数商兴农"工程为牵引，夯实"快递进村"工程和"互联网＋"农产品出村进城工程，推进电子商务进乡村，是中央对发展农村电子商务的统筹布局。2021年11月，国务院印发《"十四五"推进农业农村现代化规划》，关于农村电商发展的布局也是围绕这三个工程部署：一是扩大电子商务进农村覆盖面，加快培育农村电子商务主体，引导电商、物流、商贸、金融、供销、邮政、快递等市场主体到乡村布局；二是深入推进"互联网＋"农产品出村进城工程，优化农村电子商务公共服务中心功能，规范引导网络直播带货发展；三是实施"数商兴农"，推动农村电商基础设施数字化改造、智能化升级，打造农产品网络品牌。

"数商兴农"是中央1号文件对农村电商的新举措。2022年中央1号文件加大了农村电商的篇幅，集中体现在1号文件的第四部分"聚焦产业促进乡村发展"第十六条"持续推进农村一二三产业融合发展"和第十八条"加强县域商业体系建设"，以及第五部分"扎实稳妥推进乡村建设"第二十四条"大力推进数字乡村建设"。2022年中央1号文件首次提出要"促进农副产品直播带货规范健康发展"，持续推进农村电子商务与一二三产业融合发展和促进农村客、货、邮融合发展"两大融合"，加大力度实施"数商兴农"工程、"快递进村"工程、"互联网＋"农产品出村进城工程三大强基固本工程。2022年中央1号文件将"数商兴农"工程与"快递进村"工程、"互联网＋"农产品出村进城工程相结合，扩大电子商务进农村覆盖面。"快递进村"工程由国家邮政局牵头实施，国家邮政局于2014年启动了"快递下乡"工程，2020年印发了《快递进村三年行动方案（2020—2022年）》，重点是乡村快递物流体系建立和完善，2022年符合条件的建制村基本实现"村村通快递"。根据中国互联网络信息中心相关报告，截至2022年6月，农村地区互联网普及率达58.8%，较2021年12月提升1.2%。据工业和信息化部统计，2022年开通5G基站80多万个，实现全国"村村通宽带"和"县县通5G"。农产品电子商务蓬勃发展，农产品网络零售增长显著。2022年，全国农村网络零售额达2.17万亿元，同比增长3.6%。全国农产品网络零售额5313.8亿元，同比增长9.2%，增速比2021年提升7.3个百分点。农村电商成为助力乡村振兴的重要手段。

从2005年中央1号文件第一次提到"电子商务"，到2022年提出实施"数商兴农"工程，中央把握农村电商发展规律和趋势，发展农村电商的工作思路逐步明确。"十四五"时期，数字化生活消费方式变革将重塑农村市场，农村电商生态要素将加速整合，农村电商对农业生产和农村消费的巨大潜能将加速释放，成为推动乡村振兴取得新进展、农业农村现代化迈出新步伐的重要引擎。2012—2022年我国城乡社会消费品零售总额的情况见表3。

表3 2012—2022年我国城乡社会消费品零售总额的情况

单位：亿元

年份	城镇社会消费品零售总额	城镇增长（％）	乡村社会消费品零售总额	乡村增长（％）
2012	182414	14.3	27893	14.5
2013	205858	12.9	31952	14.6
2014	262394	12.0	36027	12.9
2015	258999	10.5	41932	11.8
2016	285814	10.4	46503	10.9
2017	314290	10.0	51972	11.8
2018	325637	8.8	55350	10.1
2019	351317	7.9	60332	9
2020	339119	—4	52862	—3.2
2021	381558	12.5	59265	12.1
2022	380448	—0.3	59285	0.0

数据来源：《2023年中国农产品电商发展报告》。

另据商务大数据统计，2022年，全国农村网络零售额达2.17万亿元，同比增长3.6％；农村实物商品网络零售额1.99万亿元，同比增长4.9％；全国农产品网络零售额5313.8亿元，同比增长9.2％，增速较2021年提升6.4个百分点。数据比较见表4。

表4 2022年度全国乡村社会消费品零售总额与其他类别的比较

单位：万亿元

年份	全国乡村社会消费品零售总额	全国农村网络零售额	农村实物商品网络零售额	全国农产品网络零售额
2022	5.93	2.17	1.99	0.53

数据来源：根据相关资料整理。

二、供销合作社发展农产品电商的主要任务

供销社电商的主要任务也是供销合作社的发展战略，主要包括以下四点。

（一）积极发展农村电子商务

开展电子商务进农村综合示范，支持新型农业经营主体和农产品、农资批发市场对接电商平台，积极发展以销定产模式。完善农村电子商务配送及综合服务网络，着力解决农副产品标准化、物流标准化、冷链仓储建设等关键问题，发展农产品个性化定制服务。开展生鲜农产品和农业生产资料电子商务试点，促进农业大宗商品电子商务发展。

（二）大力发展行业电子商务

鼓励能源、化工、钢铁、电子、轻纺、医药等行业企业，积极利用电子商务平台优化采购、分销体系，提升企业经营效率。推动各类专业市场线上转型，引导传统商贸流通企业与电子商务企业整合资源，积极向供应链协同平台转型。鼓励生产制造企业面向个性化、定制化消费需求深化电子商务应用，支持设备制造企业利用电子商务平台开展融资租赁服务，鼓励中小微企业扩大电子商务应用。按照市场化、专业化方向，大力推广电子招标投标。

（三）推动电子商务应用创新

鼓励企业利用电子商务平台的大数据资源，提升企业精准营销能力，激发市场消费需求。建立电子商务产品质量追溯机制，建设电子商务售后服务质量检测云平台，完善互联网质量信息公共服务体系，解决消费者维权难、退货难、产品责任追溯难等问题。加强互联网食品药品市场监测监管体系建设，积极探索处方药电子商务销售和监管模式创新。鼓励企业利用移动社交、新媒体等新渠道，发展社交电商、"粉丝"经济等网络营销新模式。

（四）加强电子商务国际合作

鼓励各类跨境电子商务服务商发展，完善跨境物流体系，拓展全球经贸合

作。推进跨境电子商务通关、检验检疫、结汇等关键环节单一窗口综合服务体系建设。创新跨境权益保障机制，利用合格评定手段，推进国际互认。创新跨境电子商务管理，促进信息网络畅通、跨境物流便捷、支付及结汇无障碍、税收规范便利、市场及贸易规则互认互通。

三、全国供销合作社电子商务平台建设

（一）全国供销合作社农产品电商平台构建及运营模式

建设全国供销合作社电子商务平台（以下简称全国平台），是加快推进供销合作社电子商务发展的一个关键环节，也是实现把供销合作社打造成服务农民生产生活的生力军和综合平台目标的一条重要途径。平台按照企业化运作方式，由中国供销集团公司牵头，以全国棉花交易市场为基础，联合省级供销合作社，引入战略投资者，共同组建中国供销电子商务股份有限公司，具体负责全国平台的搭建和运营。全国平台架构如图 12 所示。

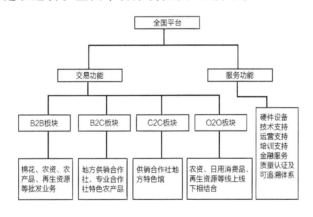

图 12　全国供销合作社农产品电商平台架构

全国平台是全国供销合作社系统电子商务发展的总平台，为系统电子商务企业提供多方位服务。全国平台不直接参与商品的进货和交易，系统的电子商务企业和地方性、专业性电商平台直接对接全国平台，借助全国平台开展交易。

全国平台的特色，是集聚系统内外资源，为开拓农村电子商务市场和发展农产品电子商务提供解决方案。全国平台的运营，一是利用供销合作社组织优势，通过对 30 万个基层经营服务网点的信息化改造，推动系统加快发展县域电子商务，夯实全国平台发展基础；二是利用供销合作社遍及城乡的人员和资源优势，广泛宣传和推广全国平台，在短期内扩大全国平台的影响力和知名度；三是利用全国平台所提供的硬件、软件、技术和电子支付等方面免费服务，支持系统电商公司（平台）、传统企业、农民合作社等单位上线交易；四是利用系统已有的电商平台，通过资源整合、模式创新，实现全国平台与地方平台的资源共享、分工负责、优势互补。全国平台负责整体营运、市场推广、品牌打造等，地方平台按照全国平台的标准和要求，负责组织货源线上销售和物流配送，实现全国平台和地方平台融合发展。

（二）平台功能及其实现方式

1. B2B 批发交易

全国平台与系统龙头企业合作，开展棉花、农资、特色农产品、再生资源等大宗商品的 B2B 网上交易，全国平台提供产品展销、实物交收、仓储物流、质量检验、贸易融资、交易结算和信息咨询等系列服务。

2. B2C 商品销售

全国平台联合地方供销合作社及其农产品企业、行业协会、农民合作社共同建设"供销商城"。通过 B2C 方式在网上集中销售具有供销合作社品牌的高端差异化特色农产品，产品标准、供货商等由全国平台统一负责。此外，全国平台还联合农资企业网上销售农资，联合再生资源企业开展再生资源在线回收业务。

3. C2C 零售交易

各级供销合作社组织符合条件的社有企业、农民合作社及社员、当地农产品企业等入驻全国平台开设电子商铺，整合地方资源建立地方特色馆，开展特色农产品、手工艺品等网上销售，全国平台提供技术、结算、营销等后台服务。

4. O2O 在线业务

全国平台联合系统农资、日用消费品连锁企业和再生资源企业，依托连锁经营网点、村级综合服务中心等，实现线上线下相结合，开展农资、日用消费品的在线销售和再生资源线上回收。

5．服务功能

建设资金管理和支付结算系统，提供支付结算、资金和融资支持。建立农产品信息采集和发布系统，为有关部门决策和市场分析提供参考。联合系统内外的质量认证力量，推广标准化生产，建立健全质量认证和追溯体系。加强与高等院校和系统培训机构合作，组织电子商务专业技术人员培训。

（三）中国供销电子商务有限公司"832"平台建设

供销合作社发展电子商务的路径是以线下为基础发展线上，实现线上线下融合。供销社立足于区域立体网络基础，从区域市场寻求差异化竞争优势，推进线下实体网络资源融合对接线上平台。受益于平台经济和网上零售持续活跃，供销合作社系统电子商务迅速发展。其中，2021年安徽省供销合作社全系统电子商务销售额为303.5亿元，同比增长18.7%，比全国实物商品零售额增速高出6.7个百分点。2018—2021年安徽省供销社全系统电子商务销售额及增速如图13所示。

图13　2018—2021年安徽省供销社全系统电子商务销售额及增速

中国供销电子商务有限公司（供销e家）在财政部、农业农村部、国家乡村振兴局、中华全国供销合作总社的指导下，建设和运营"832"平台（见图14）。该平台集"交易、服务、监管"功能于一体，实现脱贫地区农副产品在线展示、网上交易、物流跟踪、在线支付、产品追溯一站式聚合，连接脱贫地区带贫能力强、产品质量好、有诚信的企业、合作社、家庭农场等市场主体与各级预算单位、工会组织、承担定点帮扶任务的企业等，为全社会广泛参与采购贫困地区农副产品提供渠道，推动各地消费扶贫目标的顺利实现。截至2023年5月，"832"平台共有504家新疆特色农副产品供应商，在线销售农产品达到4441款；新疆特色农产品在该平台累计销售额达到10.3亿元，为带动新疆脱贫地区群众持续稳定增收、巩固拓展脱贫攻坚成果、助力乡村振兴发挥了积极作用。

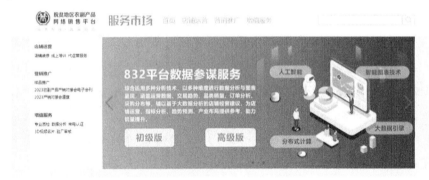

图14　中国供销电子商务有限公司（供销 e 家）"832"平台

"832"平台自2020年1月正式运行以来，实现全国832个脱贫县农副产品供给与各级预算单位采购需求有效对接。2023年脱贫地区农副产品产销对接会2023年5月20日在北京落幕，作为脱贫地区农副产品网络销售平台即"832"平台的供应商，和田、喀什等地的49家企业，携带红枣、核桃、红花籽油、大米、沙棘等500余款新疆特色农产品亮相对接会。

四、案例分析

近年来，以涉农电子商务为主要内容的县域电子商务快速发展，以电子商务为驱动的县域经济发展模式开始涌现。县级供销合作社主动适应电子商务迅猛发展、农村消费转型升级的新形势，立足供销合作社特点和优势，大力开拓县域电子商务市场，抢占农村电子商务发展的制高点，努力成为当地电子商务发展的主导力量。县域供销合作社电子商务的实践探索涌现出以下典型案例。

（一）黑龙江黑河市瑷珲 e 购打造农产品上行供应链

瑷珲 e 购电商平台由黑河微谷电子商务有限公司运营，由黑河市供销合作社社属企业——黑河市供销储运有限公司与民营公司共同入股成立，公司坚持以服务"三农"为重点，以便利城乡居民生产生活、促进农村产业融合发展为宗旨，在城乡交互、跨境电商、智慧养老、家政服务、二手交易和便民信息六大板块开展互联网业务。

1. 发挥产地优势，构建产、加、销全产业链

黑河地区自然生态环境良好，具有发展优质杂粮产业得天独厚的条件。瑷珲 e 购充分发挥产地源头资源优势与"互联网＋"品牌理念，整合并升级产品结构，先后开发大豆、玉米、红小豆、麦米、黑豆、糯米等杂粮农作物，建立起加工厂房和质检中心，将田间地头收获的原材料直接送入加工车间，经质检、清洗、分拣、包装等工序，制成豆油、面粉、干菜、养生杂粮等精品农产品，再通过线上线下平台面向全国进行销售。目前，瑷珲 e 购已完成 17 个农产品生产基地建设。

2. 线上线下完善产品购销体系

瑷珲 e 购作为黑河市供销合作社直属企业，是瑷珲区政府重点扶持项目。公司在 2017 年 9 月正式入驻供销 e 家，开通运营供销 e 家黑河市瑷珲区地方平台，销售智慧农业监测系统基地出产的优质农产品、俄罗斯商品及当地特色山珍，得到全国各地消费者的青睐。瑷珲 e 购平台现有成型农产品 40 余种，在线下打造了瑷珲 e 购便民店 7 个，便民店农产品均来自瑷珲 e 购农产品生产基地，并由瑷珲 e 购质量检验中心严格把关，贴上可追溯二维码标签，让消费者放心消费。在仓储物流方面，瑷珲 e 购自建了 1200 平方米仓储物流中心，其中蔬菜库 300 平方米、冷库 220 平方米，仓储物流中心积极融入全国供销社系统物流仓储配送体系，并与地方供销、粮库、邮政等社会资源开展业务对接，实现资源共享、代储代运合作。线上则加强与供销 e 家等全国性电商平台的合作。

3. 发挥互联网优势，搭载便民服务提升居民生活质量

为更有效地提升城乡居民生活条件，增加平台服务种类，瑷珲 e 购通过模块集成方式逐步将网上交易、仓储物流、终端配送等服务向平台一体化转变，形成融合式区域 O2O 模式。目前线上运营以"B2C＋体验式销售"模式为主，向消费者提供特色农产品商城、闲置物品交易、论坛及创意活动模块。线下推行休闲观光及社区便利店自主经营模块，实现消费者实时手机下单，享受免费送货上门的快捷体验。为发挥区域性互联网服务优势，提升居民生活质量，平台增加了以社区居民服务为主的城乡交互、智慧养老、家政服务、便民信息等模块，让消费者轻松实现用手机选择服务种类、浏览家政服务人员资质、填写个性化留言。社区服务集成的家政公司、钟点工、看护、维修、保洁等便民服务是目前该平台应用率最高的模块。

（二）内蒙古呼和浩特市绿色土默川现代农业农民专业合作社联合社全力打造地域农业品牌

成立于2016年初的呼和浩特市绿色土默川现代农业农民专业合作社联合社（以下简称联合社），是呼和浩特市供销合作社系统的一家专业合作社联合社。联合社由土左旗供销社领办，其余八家成员均是涵盖了当地种植业、养殖业、渔业、农机、农资及为民服务等行业的农民专业合作社。联合社自成立以来，一改专业合作社以往在农业上游各自为政、小打小闹的做法，进一步整合耕地资源，提升农民的组织化程度，为农业产业化奠定基础，尝试从源头解决粮食及农副产品绿色有机基地的建设问题，全身心打造"绿色土默川"地域农业品牌，结合"互联网＋农业""互联网＋品牌""互联网＋线下网点"的现代商业流通模式，采用O2O、B2C、B2B等电子商务方式面向全国市场销售"绿色土默川"系列产品。

1. 全力打造"绿色土默川"地域品牌

土默川地处呼和浩特平原，当地以发展农业畜牧业为主，然而传统的产业格局也限制了上游农业发展规模，产业经营分散，未形成具有统筹生产及流通能力的龙头企业。为立足土默川地区放大格局，联合社带头整合耕地资源，提升民众组织化程度，在产业链源头建立起粮食及农副产品绿色有机生产基地，全力打造"绿色土默川"地域农业产品系列。"绿色土默川"推崇"一方水土养一方人"的理念，力图将地方优质农副土特产品按产业对接延伸的方法加工打造成高质量产品。"绿色土默川"品牌作为地域农牧文化、民俗文化载体，承载着营销"品牌故事"效应和提升产品人文价值的目标。

2. 积极入驻供销 e 家电子商务平台

在"互联网＋"思维模式的引导下，联合社积极入驻供销 e 家电子商务平台，承接运营"绿色土默川"地方平台，并在第一时间组建了内蒙古绿色土默川供销 e 家电子商务运营中心，开始实施"互联网＋农业""互联网＋品牌"的商业实践。绿色土默川供销 e 家电子商务运营中心融商品信息、交易、配送、服务于一体，采取线下体验店及商超配送与线上推广、交易、结算相结合的运营模式，架起一座生产者及品牌方与市场及消费者畅通的桥梁，经济效益、社会效益前景看好。以"绿色土默川"品牌为引领，已有百余种商品进入了电商平台，融入了全国市场，莜面、小米、小杂粮等远销到福建、上海、北京、湖北、湖南等地。

品牌是产品的灵魂，表达了产品的内涵，也代表了企业的经营哲学和价值观念，在供销 e 家打造农特产品供应链上行体系的过程中，产品品牌具有举足轻重的作用，一个全国知名的、安全健康的品牌打造甚至能带动一个产业的振兴发展，实现一方乡村的振兴繁荣。"瑷珲 e 购"和"绿色土默川"两个案例，前者注重打造安全、健康的品牌形象，后者则着重打造特色、原产地的品牌形象，都具有一定的代表性和借鉴价值。

（三）青海大通青藏百灵农畜产品电子商务有限公司电商扶贫

青海大通青藏百灵农畜产品电子商务有限公司（以下简称大通公司）是一家从事集软件研发、电商培训、农畜产品加工、包装、物流配送、电商以及各种服务为一体的农畜产品电子商务企业。依托大通百灵特种养殖专业合作社几年的实体发展，在省、市、县各级供销联社支持下，青海供销电子商务有限公司、大通回族土族自治县供销合作社联合社参与出资，于 2015 年 10 月成立，并建立自有平台"青藏农畜林产品网"。

1. 电商扶贫工作方向

2016 年 3 月全省第一家农村电商党支部在大通公司成立。大通百灵农村电商党支部以"互联网＋'三农'＋党建＋合作社＋电子商务＋供销社系统"的模式，扎实开展电子商务进农村的工作，实现党建工作、扶贫工作与农村电子商务的互促共赢。在探索"党建＋电商＋产业扶贫"工作中，大通公司始终坚持把促进农村贫困群众脱贫致富作为工作重心。

为积极响应、切实配合做好大通县畜禽养殖业污染综合整治工作，从源头上保护和改善全县生态环境，2017年6月大通公司对下属的养殖基地进行转型，将大型养殖转换为贫困农户分散式养殖，对现有的养殖基地进行科学有效的改建，进行农产品深加工、分拣包装基地建设。

改建转型后的大通百灵养殖基地，成为大通地区精准扶贫产业加工基地，主要经营百灵当归鸡系列、百灵当归鸡蛋系列深加工产品，以及大通地区特别是贫困乡村特色农产品深加工。产品以线上线下融合销售为主，原材料主要为大通本地农产品，采用"党建＋公司＋农户＋深加工＋冷链仓储＋线上线下销售"模式，以贫困地区贫困户扶贫致富为主要目的，大通公司和贫困村、贫困户签订收购销售协议，实现老弱病残贫困人口在家就业，以及为返乡农民工就近提供工作岗位。目前，大通公司扶贫散养总面积超过15万平方米，成鸡出栏年市场供给可达到10万羽，鸡蛋620吨。

2. 电商扶贫模式

（1）依托线上线下资源优势，打造农产品加工和电商平台的深度合作，形成稳定产销关系。按照规范的电商销售标准对大通地区的优质地标农产品进行筛选收购、集货、分等、包装、储藏和运输，不断提高大通地区品牌农产品线上销售比例，促进质量等级化、包装规格化，补齐电商供应链前端短板，满足对农产品生产的规模化、标准化、品牌化需求，打造品牌农产品供应商队伍，开辟农产品销售新渠道。

（2）充分利用现有的供销社系统和电商公司的储藏、物流、冷链基础设施，提高利用率和经济效益，降低物流配送成本。优化农产品物流路径和节点设计，避免迂回、交叉及无效往复运输，实现线下资源与线上需求的低成本、高效率对接。大通公司在2018年实现与苏州中转仓的对接，将大通地区的马铃薯、青蚕豆粒、百灵当归散养鸡、鸡蛋和深加工产品统一配送至苏州，再由苏州地区利用发达的物流、快递配送网络实现对上海、江苏、浙江及周边省市的销售。

（3）充分利用已建成的大通农村电商综合服务网点开发农村生活消费品、农资用品下行配送渠道。实现大通县区域内基本普及电子商务应用，实现县城有农村电子商务服务中心，乡镇有农村电子商务综合服务站，村有农村电子商务综合服务点，贫困户能通过互联网和电商网点销售自产农产品、购买生产生活资料。在农村电商综合服务站（点）建设的同时，大通公司还对农民和贫困户进行农村电子商务技能和产业衍生的各项专业技能（例如：林下生态养殖技术、焜锅馍馍标准化加工技术、妇女手工制作技术等）的培训，为农村劳动力就地转移提供就业、创业机会和平台。

3. 电商扶贫工作成效

（1）农村电子商务基础工作推进。目前大通公司已经与本地乡镇的 22 家农村专业合作社签订长期合作，实现农超对接，品牌入驻大通地区、西宁地区的 11 家连锁超市，并设立大通县城区内两家实体体验店和大通、西宁地区 300 多家"花儿之乡"品牌产品配送加盟店。与供销 e 家平台进行无缝对接合作，分别设立大通"花儿之乡"专卖店、"花儿之乡"大通馆，并配套完成完整的农产品溯源体系和品牌包装、市场运作体系。自建 1280 平方米的"大通县供销 e 家分拣包装物流配送中心"。

（2）电子商务技能教育培训到村到户。大通公司以农村电商发展建设为基础，积极实施大通农村电商网点平台建设、推广、普及工作，对有创业、就业意愿的青年党员团员、返乡青年进行跟踪管理、培训和农业技术服务，帮助落实惠民政策，并给予技术、信息的支持，培育青年农村电商人才，强化示范引领作用。

（3）电子商务企业产业扶持到村到户。大通公司依托合作社资源，创新工作思路，结合脱贫攻坚，通过旗下的大通百灵特种养殖专业合作社示范，按照"一村一品"的产业扶持办法，免费向贫困户发放鸡苗，统一防疫、养殖技术免费指导和回收销售，重点扶持有养殖技术、有场地且自愿生态散养的农户扩大养殖规模，增加品种，成鸡出栏后统一收购，进行统一标准量化分拣加工，统一品牌包装，通过线上线下渠道销售，带领贫困村贫困户做好、做活"生态散养当归鸡"富农的特色品牌。大通县贫困地区种植的马铃薯、青蚕豆粒等由大通青藏农畜林产品电子商务有限公司积极进行统一品牌规划，执行统一收购标准，建立完善"溯源"体系，通过分拣包装，利用已有的互联网平台找到销路，线上线下销售融合，进一步延伸产业链，增加产品附加值，农产品销售渠道得到进一步拓宽，从而有效增加贫困农户的收入。

在供销体系的扶持之下，公司成立了线下体验店和城区 200 多家品牌销售加盟店，增加了用户的信任，更好地满足消费者追求生活便利、安全的幸福感。大通公司每年定期举办线上线下营销活动，带动了公司产品在线上的销量，提升了线下的知名度，促进大通县电子商务市场的发展。在大通百灵电商战略布局当中，农村电商发展将成为大通百灵电商服务地方的一大助力。大通百灵电商以自身在电商方面的资源带动整个大通地区的电子商务产业的发展，一方面提升农产品加工制造企业进行升级改造，不断提升自身的市场竞争力；另一方面开展电商咨询与培训服务，帮助小企业及个人在互联网时代能够实现自我价值以及企业价值。

农村电商扶贫通过互联网销售的网络交易方式，打破了传统销售的地区市场限制，整合优势资源，增加贫困地区农民收入，提高扶贫绩效。作为新一轮扶贫攻坚的手段，电子商务为农村经济发展提供了难得的新机遇和强大的新动力。大通公司在扶贫模式上的新探索，为各地电商扶贫提供了参考借鉴。

（四）四川云背篓科技有限公司打造农产品供应链

作为农产品流通现代化发展的主要路径之一，现代化农产品供应链体系的构建，对于促进区域农业经济的发展、增加农民收入与降低城市居民的生活成本都具有重要的意义。改革开放以来，农业科技不断发展，政府持续加大对农业发展投入，我国农业生产整体上获得了巨大的进步。但是，在我国当前的农产品供应体系中，还存在渠道过窄、参与流通的主体较小，以及对社会经济发展的带动作用不明显等问题。农产品的供应链体系是一个十分复杂的系统，其所涉及的内容包括从农产品的生产到销售整个过程。

四川云背篓农业科技有限公司（以下简称云背篓公司）是由四川省供销合作社联合社发起，旗下四川供销电子商务有限责任公司筹备组建的混合所有制企业。云背篓公司专注于农产品上行，旨在打造一个全国、全球互联互通的农产品超级供应链版图，实现农（特）产品全国、全球行，让吃的人健康、种的人小康。云背篓公司摸索出完整的农产品供应链打造模式，在旗下第一个集团子公司——攀枝花农产品经营有限公司（以下简称攀农公司）得以实践，并初有成效。

针对农产品的品质、安全问题，农产品的卖难滞销问题，农产品的好果无好价问题，攀农公司通过联合基地，提供品牌服务，整合供应链资源，打造新零售网络，提供供应链金融服务，构建农村大数据平台，最终实现品质农业、效率农业、科技农业、精准农业。攀农公司自成立三个月的时间，不仅快速保质保量基本完成了项目建设，还在该县成立了农产品深加工公司、阳光米易区域品牌运营公司、区域供应链金融公司、农资农具服务公司，初步完成了整个大攀西的农业产业链布局，快速成长为当地农业龙头企业。

1. 资源整合，强化供应链

（1）组织资源的整合。主要做法是攀农公司与传统及新型农业经营主体进行包含股份制合作在内的多种形式的合作，以更加合理、高效、优质地实现资源的优化配置，充分提质增效、聚力增势，确保公司稳定运营，且切实扎根当地，疏通业务体系，上下贯通，有力保障，确保资源的高效整合，业务快速推进，促进整个公司又好又快地发展。

（2）企业资源的整合。攀农公司与当地政府单位及国有企业合资组建了包含包装设计推广在内的品牌运营公司；与当地优质专业合作社合资成立了当地特色产品——红糖的生产加工公司；充分发挥资源禀赋，与当地传统矿业公司建立了观光农业产业基地；有效整合当地经营状况不良的社有及国有企业，帮助国有资产体制增效；与国内大型物流公司进行了深入股权合作，有效降低了当地农民生产成本，让利于民。

2. 产业融合创新

（1）打造乡村产业链，助力农民增收。围绕"乡村振兴"战略，利用当地乡村优质资源发展产业，打造乡村产业链，以"农民＋村集体经济＋公司"形式组建合资公司，聚力增势，带动当地产业发展、农民增收，以产业发展增强区域经济发展的"造血"能力，构建长效扶贫机制。根据地方实际情况，整合现有特色产品，促进小农生产走上现代农业发展道路，实现产业升级，产业扶贫。攀农公司整合当地红粑和芙蓉糕等特色产品，主要以家庭作坊构建产业链，以"农户＋村集体经济＋攀农公司"构建产品开发、包装、品牌推广、销售链，同时结合传统村落及历史文化，推行康养及文旅，促进产业融合发展。

（2）一二三产业融合发展。基于农业大数据，联合基地专业合作社，引入优秀社会企业，结合区域特色布局深加工，打造特色服务，促进一二三产业融合创新。攀农公司在当地结合电商项目建设，对当地农业发展基础进行强化，质量标准体系、可视化基础、有机认证基地等工作不断强化，在当地初步形成深加工企业布局，积极运用自身资源，布局攀西地区杧果、甘蔗红糖、枇杷膏、雪梨膏的精深加工，补足当地农业生产加工空白，增加产品附加值，增强区域市场综合竞争力。

3. 区域供应链金融助力

为有效降低金融风险，解决农业金融落地难问题，缩短农业生产资料供应环节，有效降低农民生产资料成本，切实为农服务，助农增收，构建"金融＋产业"格局，攀农公司探索建立了整套区域供应链金融发展新模式。整个模式为"地方农商银行＋攀农公司＋涉农主体（农民、专合社、农业企业）＋保险公司＋地方政府农业担保资金"。资金高效流通，有效降低涉农资金风险，确保涉农资金真正用于农业生产经营；同时涉农主体受益面规模扩大。"金融＋产业"格局形成，既确保资金的有效使用，又解决了农产品的销售难问题，实现涉农单位从融资到融物的升级，切实让整个区域供应链上的主体互利多赢，进一步深入有效发挥农业担保资金、涉农基金等为农服务，实现了产销一体化，为助农增收、振兴农村经济作出了应有的贡献。

4. 农业品牌孵化创新

与当地国投下属企业成立专业品牌运营公司，借力市场质量监督局打假机制，以品牌、市场和机制倒逼品牌运营参与企业产品品质提升。通过采用品牌火车头效应"川字号（火车头，保品质安全）＋区域品牌（车厢，亮区域特色）＋产品品牌（货，企业服务质量）"的模式，实施全省"川字号"品牌引领、地域品牌助力，夯实企业品牌的品牌构架体系，构建"省级＋地方＋企业"品牌矩阵，同步营销，协同推进。以"川字号"品牌体系牵头，充实各区域地域品牌，当地区域公共品牌切入，挑选当地优质农特产品纳入区域公共品牌体系，同时，优中选优、精中挑精，由专业的质量检测中心及认证中心评测产品的质量状况，比对国内同行业同款产品的标准水平和质量状况，选取区域公共品牌产品中更加优质的产品纳入全省"川字号"品牌体系，不断充实"川字号"品牌产品库，增强"川字号"品牌的聚合力和影响力，大力投入宣传"川字号"品牌，推动全省农产品全国流通。

5. 超级供应链版图建设

基于上有服务窗口、下有服务抓手的运营发展策略，制定川内"1＋4"、川外"3＋3"的分子公司布局。以成都原点"四川云背篓农业科技有限公司"为中心，在全省东西南北建立四大集团公司，互联互通，联动协同发展，实现成都平原地区、川南片区、川东北片区、攀西片区、川西北片区全川业务大覆盖；在川外京津冀、长江三角洲、珠江三角洲、中亚、东亚、东南亚、北美建立运营分中心，实现全川、全国、全球联动，形成一个超级供应链版图，有效畅通农产品流通渠道。

6. 电商助力市场销售

为解决电商流量问题，摸索出"社群联盟＋区域电商＋跨境电商"的模式，高效整合使用现有互联网生态，利用微信生态快速构建了整个区域电商平台，通过社群联盟实现流量的大汇集。

构建线上线下营销矩阵，线上做好产、选、拣、配四个环节一条龙服务，以销代宣，全国造势；线下做好质量标准、渠道畅通、去中间化、平价销售，实现大宗走货、大宗平价去利差，切实解决大宗销售难的问题。锁定地域农特产品交易官方市场，建立地区农特产品交易及农业服务大平台，构建健康有序的市场关系，促使整个农业产业良性发展。攀农公司通过建立电子商务公共服务中心，作为公司业务开展运营的中心抓手，下承全县、乡（镇）、村三级服务站点及农村电商业务体系，上接全省供销"云背篓"服务系统的枢纽，是全县农村电子商务发展及农业产业发展对内对外的统一窗口，是"乡村振兴"战略在全县落地实施的重要体现。

攀农公司在公司整体农村电商布局规划下，充分整合米易 87 个村的乡村综合服务社、便利店等优质资源，对乡村传统经营网点进行了包含信息化在内的功能全面转型升级，设立了 61 个集电商服务、农资农技、产品供销、物流配送等于一体的电子商务公共服务站点，进行资源赋能，以"后台统一化、前端多样化"的原则，给每个综合服务站点配备了整套电商服务系统，由公司免费协助站点进行运营管理，统一组织，区块运营，优化配置，提质增效，不断盘活农村经济。

深耕农业产业发展，掌握供需两端，把牢生产基地和销售市场。充分发挥资源禀赋市场化运作，建立区域统一的农特产品销售服务对外窗口，对内通过川内成都原点中心与四大地方集团公司打通区域，川外通过京津冀、长江三角洲、珠江三角洲打通国内市场，对外通过在中亚、东亚、东南亚、北美建立的运营分中心有效衔接国际市场。

农产品供应链体系建设是农村电子商务综合服务体系中至关重要的一环，是决定农村产品是否能够形成有效上行的关键和前提。国务院办公厅印发了《关于积极推进供应链创新与应用的指导意见》，鼓励创建现代化农业供应链体系，推进农村一二三产业融合发展。四川云背篓农产品供应链体系建设的做法，在当地资源整合、一二三产业融合发展、区域供应链金融助力、电商助销等方面为各地供销电商企业建设农产品供应链体系提供了宝贵的经验。

五、供销合作社农产品电商发展面临的问题

相对于工业消费品而言，农产品流通成本高、风险大。在"数商新农"的政策驱动下，供销合作社农产品电商减少农产品的流通环节，推动农产品市场化、标准化、品牌化，有利于解决农产品不断涨价而农民仍然增收难的悖论，让农民和消费者都获得实惠。从当前的现实条件来看，我国供销合作社发展农产品电商还面临着一系列困难与挑战。

（一）人才短缺，观念滞后

技术不完善，存在安全隐患。资本投入不足，农产品流通的专业平台少。农产品流通具有特殊性，特别是生鲜农产品需要冷链运输与仓储。许多农产品的供应还受到生产的季节性因素影响，无法保证长期稳定的供货。

（二）流通基础设施落后，相关服务供给不足

首先，智能终端普及率低。发展农产品电商需要稳定的、覆盖面广的移动互联网智能终端。农村居民智能手机拥有量远低于城市居民，不少中老年农民还在使用老旧的老人机，只具备简单的打电话、发短信等功能，无法满足农产品电商的技术要求。其次，农村的物流配送网点匮乏，物流配送终端只到乡镇所在的社区，物流体系的"最后一公里"问题突出。农村居民发货还要去乡镇或县城办理，既不方便，也导致物流成本升高。最后，生鲜农产品的专业冷链运输能力与仓储能力供给不足，无法满足网络平台交易对高质量物流的需求。

（三）农产品产地市场衔接不畅

各地供销合作社农产品电子商务综合平台面临如何将农产品批发市场与电

子交易平台对接的问题,也就是线上服务与线下服务、线上交易与线下交易的对接问题。农产品电子商务建设的目的是通过发展电子商务,将现货批发市场插上翅膀,而不是相互割裂、相互竞争。

(四)供销合作社仓储物流能力有限

农产品产供销一体化电子商务综合平台与物流体系对接,应综合考虑物流园区、物流基地等物流基础设施的建设,并在技术上将农产品产供销一体化电子商务综合平台与物联网相结合。电子商务的模式应用最终要归结到成功完成现货商品的价值转换,因此,必须在物流的基础设施规划和建设方面给予电子商务综合平台服务和交易强有力的保证。

(五)供销合作社农产品电商平台配套服务和设施建设问题

通过农产品流通体系运作效率的研究可以发现,原有各地各级的农村电子商务平台在规模、效率、布局、物流支持、技术手段、交易模式等方面存在诸多问题,在当前技术条件下,农产品产供销一体化电子商务综合平台将综合检验政府行为和企业行为的协同发展能力。在建设农产品产供销一体化电子商务综合平台之初,政府和企业需权衡利弊,做好投资方案、股权分配方案,在平台建设之初就解决好出资人与受益人、所有者和管理者的关系问题,以提高电子商务综合平台的后续发展动力。

六、供销合作社发展农产品电商的建议

"十四五"时期,是乘势而上开启全面建设社会主义现代化国家新征程、向第二个百年奋斗目标进军的第一个五年。"十四五"时期,数字化生活消费方式变革将重塑农村大市场,农村电商将成为数字乡村最大的推动力和发展基础,农村电商生态要素将加速整合,农村电商对农业生产和农村消费的巨大潜能将加速释放,将成为推动乡村振兴取得新进展、农业农村现代化迈出新步伐的巨大引擎。

"数商兴农"工程及其相关工程的实施,既为努力做下沉市场的供销合作社提供了重大机遇,也对供销合作社电子商务的发展提出了全新的挑战。各地

供销合作社应抓住机遇，充分发挥自身优势，调整业务结构，在新一轮的电子商务发展大潮中抢占先机，聚焦持续推进农村一二三产业融合发展。

（一）发展产地流通新模式

聚集技术、人才等资源，发展农产品电商、宅配、前置仓、产地仓等新兴流通业态，促进行业上下游紧密衔接。创新发展"产地市场＋种养""产地市场＋食品加工""产地市场＋直销配送""产地市场＋新零售"等新业态，提升农产品产地市场综合竞争优势和规模经济效应。

平台原来以消费和销售为重点的发展模式，应该过渡到消费和生产并重的发展模式，实现由农村电子商务向农村数字商务的升级转型。推动电子商务与农产品加工、乡村休闲旅游等结合，支持当地企业深入产地发展粮油加工、食品制造，支持农民直接经营或参与经营的乡村民宿、农家乐特色村（点）发展，打造价值共创、利益共享和风险共担的农村电子商务生态，是夯实平台下沉市场的关键。

（二）建立供销合作社全产业链服务平台

适应现代农业生产规模化、标准化发展趋势，支持农产品产地市场拓展农资供应、农机销售及维修等业务。结合农业全产业链发展，提供农技推广、农机作业、代耕代种、烘干仓储、市场营销等社会化服务。鼓励有条件的农产品产地市场，加强信息信用管理，推动金融机构开展农业保险、信贷等服务。积极探索电商新业态新模式，引领和规范发展社区团购、直播电商、短视频电商、社交电商、农产品众筹、预售、领养、定制等农村电商新业态。在数字技术和数据的驱动下，聚焦商产融合，探索"数商兴农"的新业态新模式。

探索可持续的商业模式，推动涉农数据和数字技术在农业中的发展和应用。探索与地方政府合作采集和利用农业大数据、县域农产品大数据、电子商务大数据，加快物联网、人工智能、先进感知技术、区块链在农业生产经营管理中的运用，完善农产品安全追溯监管体系，打造农业农村大数据应用场景。

（三）打造供销合作社农业品牌新价值

引导农产品产地市场实施品牌战略，发挥平台渠道优势，打造企业品牌。

依托国家级农产品产地市场，塑强一批农产品区域公用品牌，孵化一批农业企业品牌和农产品品牌。创新品牌营销管理，发展体验式、网络化营销方式，设立销售专馆专区专柜，建立健全品牌保护机制，促进品牌农产品消费。助力农产品网络品牌和区域公共品牌建设，培育"小而美"网络品牌，助力特色农产品品牌推介，大力提升农产品电商化水平。

（四）加快供销合作社流通基础设施建设

首先，应加快供销合作社仓储设施建设。根据经营农产品种类和规模，充分利用现有仓储设施，按照适度超前原则，高起点高标准规划新建或改扩建粮油自动通风筒仓、果蔬精准控温保鲜库、畜产品和水产品高效节能冷藏库等仓储设施。配备标准托盘、立体货架、自动传输、装卸提升、吊装搬运等设备，建立协调统一、信息共享、上下联动的管理系统。

其次，应完善供销合作社商品化处理设施。建设农产品商品化处理专区或车间，结合市场主营产品特点，安装预冷、清洗、分级、打蜡、包装等果蔬商品化处理设备，以及冷却、分等、分割、冻结等肉类和水产品初加工设备，鼓励配备技术先进、性能可靠、经济实用的农产品加工生产线，最大限度地减少农产品产后损失。支持有条件的市场建设农产品产地集配中心，提高规模化、标准化加工配送能力，将更多增值收益留在产地。

最后，要健全供销合作社产地冷链物流体系。鼓励农产品产地市场加强冷链物流设施建设，中西部地区重点提高冷藏保鲜能力，东部地区着重提升冷链物流设施技术装备水平和运行效率。支持农产品产地市场发展冷链运输，提供专业化、社会化第三方冷链物流服务。鼓励国家级、区域性农产品产地市场和田头市场加强冷藏保鲜设施共建共享。

第七部分　关于供销合作社发展的时政评论

供销合作社是中国共产党领导下的为农服务的综合性合作经济组织，具有悠久的历史和光荣的传统，在推动我国农业农村发展过程中能够发挥积极的作用。2020年9月，中共中央总书记、国家主席、中央军委主席习近平对供销合作社工作作出重要指示指出："供销合作社是党领导下的为农服务的综合性合作经济组织，有着悠久的历史、光荣的传统，是推动我国农业农村发展的一支重要力量。近年来，全国供销合作社系统深化综合改革，在促进现代农业建设、农民增收致富、城乡融合发展等方面做了大量工作。""各级党委和政府要围绕加快推进农业农村现代化、巩固党在农村执政基础，继续办好供销合作社。供销合作社要坚持从'三农'工作大局出发，牢记为农服务根本宗旨，持续深化综合改革，完善体制机制，拓展服务领域，加快成为服务农民生产生活的综合平台，成为党和政府密切联系农民群众的桥梁纽带，努力为推进乡村振兴贡献力量，开创我国供销合作事业新局面。"

新时代的供销合作社，已不再是当年一个个小商店、物资供应点，而是"实体店＋为农服务"立体模式，从农资保供、农产品购销、金融信用合作等多角度全面服务乡村振兴。从历史和现实来看，供销合作社发展紧紧扣住农村群众现实需求。从计划经济时代油、盐、布等日常生活用品，到今天的土地托管、代耕代种、联耕联种、机播机收等农业生产性服务，供销合作社不断向更高水平的供需动态平衡方向迈进。在这个转变进程中，更多用改革的办法解决发展中的问题，是近年来供销合作社提升为农服务能力的特点。从经营创新、组织创新到服务创新，符合合作制理念和市场经济取向的新体制、新机制，都正在助力供销合作社在自我革命中再度"走红"，供销合作社"金字招牌"越擦越亮。供销合作社是党和政府做好"三农"工作的重要载体。如何在深化综合改革中，培育好实施载体，真正将基层社办成管理民主、运行规范、以农民社员为主体的综合性合作经济组织至关重要。各地应深刻认识供销合作社综合改革的重要性、紧迫性，对基层供销合作社薄弱环节、对社有企业发展给予相关政策、资金支持，使基层社、社有企业在为农服务领域发挥出积极带动作用。在改革实践中，要强化联合社和社有企业支持基层社发展机制，发挥县级社的统筹服务作用，指导、管理、服务基层社，持续改造提升薄弱基层社、乡镇综合超市和农村综合服务社。另外，支持社有企业加快建立现代企业制度，积极推动县以上社有企业改制，不断提升社有企业实力和为农服务能力。当前，供销合作社正在改革创新中持续激发新活力，只要稳妥理顺体制机制，牢牢坚持为农服务根本宗旨，扎实推进综合改革，供销合作社就一定能更好地服务乡村振兴，更好地助推我国经济社会高质量发展。

一、学者观点

21世纪以来第20个指导"三农"工作的中央1号文件——《中共中央、国务院关于做好2023年全面推进乡村振兴重点工作的意见》（以下简称《意见》）于2023年2月发布。《意见》包括九部分内容，对乡村振兴各方面工作进行了安排。其中，在第六部分"拓宽农民增收致富渠道"里，专门提出要坚持为农服务和政事分开、社企分开，持续深化供销合作社综合改革。业内专家分析认为，为农服务和政事分开、社企分开"两分开"是基于当下全国各级供销合作社几乎都设有自己控股的社有企业"供销集团"而提出，相关业务需予以划分。《意见》中加快农产品产地冷藏、冷链物流设施建设，加强化肥等农资生产、储运调控等，也给供销合作社带来了新的发展机会。值得注意的是，2023年中央1号文件中专门强调要坚持为农服务和政事分开、社企分开，持续深化供销合作社综合改革。就《意见》提到的"为农服务和政事分开、社企分开"，《北京商报》记者梳理发现，全国各级供销合作社几乎都设有自己控股的社有企业"供销集团"。同时，供销合作总社也在不断转型。中华全国供销合作总社官网显示，目前总社有下属事业单位15家、直属企业集团13家，主管社团组织14家。《意见》提出的要求，与供销合作社在新时代的运营模式不无关系。就如何深化改革而言，北京工商大学商业经济研究所所长洪涛建议，在持续深化供销合作社综合改革中，要处理好两个方面的关系。

首先，要正确处理传统业务与新兴产业的关系。农资、棉花、再生资源、烟花爆竹等是供销合作社的传统主营业务，要以"三农"为主要服务对象。同时要适应新的市场需求，积极培育新兴业务，如"加快农产品产地冷藏、冷链物流设施建设，加强化肥等农资生产、储运调控，推动农村客货邮融合发展，大力发展共同配送、即时零售等新模式，推动冷链物流服务网络向乡村下沉"等，共同促进乡村振兴。

其次，要正确处理供销合作社的性质（集体性、合作性、经济性）与社会主义市场经济的兼容性的关系。在建设中国式现代化过程中，供销合作社应积极探索与社会主义市场经济的多种实现方式，与其他经济组织合作、协作、参股，并探索供销合作社、农民合作社、信用合作社"三社合一"改革试点。目前来看，供销合作社与农民合作关系不够紧密，综合服务实力不强，层级联系比较松散，体制没有完全理顺，必须通过深化综合改革，进一步激发内生动力和发展活力，努力在发展现代农业、促进农民致富、繁荣城乡经济中更好地发挥独特优势，担当起更大责任。

首都经济贸易大学经济学院讲师、博士杨慧莲在接受《北京商报》采访时表示，未来供销合作社仍需深化综合改革，明确其是一个以农民社员为主体的集体所有制性质的合作经济组织，明晰产权与经营业务边界，打造中国特色的为农综合服务组织体系，全面增强其联农、为农、务农的黏合力和服务实力。

事实上，这并不是供销合作社第一次出现在中央1号文件中。2022年中央1号文件《中共中央、国务院关于做好2022年全面推进乡村振兴重点工作的意见》明确指出，加强县域商业体系建设，推动冷链物流服务网络向农村延伸，整县推进农产品产地仓储保鲜冷链物流设施建设，支持供销合作社开展县域流通服务网络建设提升行动，建设县域集采集配中心。县域流通服务网络确实是供销合作社近年发力的重点。2021年11月3日，中华全国供销合作总社便印发了《关于开展供销合作社县域流通服务网络建设提升行动的实施意见》，提出"十四五"时期，建立完善以流通骨干企业为支撑、县城为枢纽、乡镇为节点、村级为终端的三级县域流通服务网络，努力实现县有物流配送中心和连锁超市、乡镇有综合超市、村有综合服务社。

"具体的实践中，2022年县域商业体系建设取得较大的进展，供销合作社发挥了重要作用。"洪涛告诉《北京商报》记者，如支持中国邮政"快递进村"工程，与农民合作社、家庭农场、农业服务公司、其他经济成分网络合作，供销合作社体系建设得到了进一步完善，网点进一步增加，"多站合一""一点多能""物流共同配送""互联网＋"农产品出村进城工程均得到了较大的进展，农产品产地仓储保鲜冷链物流设施建设、县域集采集配中心建设得到了进一步完善。在投入高、回报慢，涉及"最后一公里"的冷链物流建设上，2022年2月19日发布的《全国供销合作社"十四五"公共型农产品冷链物流发展专项规划》提出，要组织实施"612"工程，即建设600个县域产地农产品冷链物流中心、100个农产品冷链物流枢纽基地、200个城市销地农产品冷链物流中心。"农产品的上行下行都需要冷链，但由于农产品成本高回收低，社会资本做农村冷链的很少，供销社正好利用中央的资金做这些东西，在田间地头建设冷库和冷链运输。"湖北省襄阳市供销合作社办公室主任马通此前在接受《北京商报》记者采访时表示，"全国总社和省社2022年以来都提出了资源下沉，突出服务农村农民的属性，将政策、资金等下沉到基层社来支持发展。"

2023年的中央1号文件还对县域经济的发展同样做了许多规划，如加快农产品产地冷藏、冷链物流设施建设，加强化肥等农资生产、储运调控等。北京师范大学政府管理研究院副院长、产业经济研究中心主任宋向清认为，这些也将给供销合作社此前建设的冷链网络大展宏图的机会。"供销合作社的县域流通服务网络建设，有利于实现全国统一大市场。再加上全国供销合作社建设的日用消费品采购平台、农产品销售平台、电子商务平台和物流网络平台等，将城乡小生产和城乡大市场紧密地联系起来。未来在加快农产品产地冷藏、冷链物流设施建设，加强化肥等农资生产、储运调控的过程中，也将发挥大作用。"宋向清说。此外，杨慧莲在接受《北京商报》记者采访时表示，2023年中央1号文件在抓紧抓好粮食和重要农产品稳产保供、强化农业科技和装备支撑、巩固脱贫攻坚成果、推动乡村产业高质量发展、拓宽农民增收致富渠道等方面，均为供销合作社发展带来新的机会，未来供销合作社在上述方面将发挥重要作用，助力国家乡村振兴战略目标实现。洪涛称："去年和今年两个中央1号文件，都强调供销合作社在充分发挥其为'三农'服务的合作经济功能，以'三农'为主要服务对象，持续深化供销合作社综合改革，其目的是使供销合作组织与社会主义市场经济相兼容，在改革中探索有效的实现形式，探索具有中国特色的社会主义供销社发展道路。"

2022年底，全国多地宣布重启供销合作社引发了舆论的强烈关注。例如湖北基层供销合作社恢复重建至1373个，基本覆盖全省乡镇，还有宁夏乡镇级供销合作社覆盖率达到92.7%，一些地方重建了供销合作社超市。事实上，供销合作社从未离开过我国的经济体系。虽然在不少人的印象中，供销合作社的形象仅仅是一家"小卖部"，然而在现实当中，供销合作社早已经不是过去的概念。

从供销合作社的发展演进历程和中央1号文件近年来的表述可以看出，供销合作社的综合改革已经围绕全面推进乡村振兴这一主题展开。舆论注意到，"深化供销改革，助力乡村振兴"已经成为近年来地方各级供销合作社在年度工作总结中最常用的标题之一。以《深化供销改革助力乡村振兴——惠州市供销社2021年工作总结》为例，广东惠州市供销社系统打造"服务型"供销合作社，在实施乡村振兴战略、推进农业农村现代化进程中展示供销新作为。该年度总结写道：惠州市供销社系统充分发挥供销合作社组织网络优势，因地制宜发展新型农业经营主体和服务主体，深入推进农业供给侧结构性改革，助力乡村经济振兴发展，在组织带动小农户发展生产、衔接产销、助力脱贫攻坚、促进现代农业发展和乡村振兴等方面发挥了重要作用。其中专业合作社入社农户7000多户，辐射带动农户6万多户，平均助农每户增收5000元以上。安徽池州市供销社官网2022年8月刊文《市供销社三举措助力乡村振兴》介绍，池州市供销合作社作为为农服务的综合性合作经济组织，近年来，通过建网络、搭平台、抓订单等多项举措，积极发挥系统作用，助力乡村振兴。池州全市供销社系统围绕城乡市场，不断拓展经营领域，助推农产品销售，着力打造供销服务平台，发挥龙头企业在乡村产业发展中的带动作用。依托"邻邻供销"平台，研发家乡小菜园程序，邀请人气主播开展直播活动助推品牌农产品销售，上半年"邻邻供销"平台销售额达1800万元，其中外销本地农产品约400万元。同时，积极组织和指导基层供销合作社、家庭农场、龙头企业、农民专业合作社等市场主体入驻"832"平台，扩大产品销售。截至2022年8月，池州市入驻"832"平台供应商24家，上架产品240种，2022年以来新增入驻企业2家。自2019年10月上线运营以来，平台总销售额达1660万元，2022年以来销售额达350万元。浙江宁波奉化区政府官网2021年12月公布的《区供销社2021年度乡村振兴战略实施情况》介绍，奉化区供销合作社先后主办、协办 2021 年奉化雪窦山茶文化生活节、2021 年奉化水蜜桃推荐会、宁波奉化桃文化节暨"清奉兴农惠万家"活动、2021 年欢喜奉桃南塘老街促销活动、2021 年邮政寄递进桃园为农服务活动、2021 年奉化芋艿头营销推广活动等 6 场，参与经营主体数 109 人，推出"欢喜奉桃""锦屏山"水蜜桃、"雪窦山"茶叶和奉化芋艿头等农产品，助力奉化区农产品销售额达 5000 多万元。从惠州的"服务型"供销合作社，池州的"邻邻供销"平台，再到宁波的营销推广活动，都体现了 2021 年中央 1 号文件提出的要求：深化供销合作社综合改革，开展生产、供销、信用"三位一体"综合合作试点，健全服务农民生产生活综合平台。

基于上述历史和现实，许多专家也从各自的研究领域出发，表达了对当代供销合作社定位和功能的看法。武汉大学社会学院教授吕德文在《环球时报》撰文指出，"供销社"是一个具有时代感的名词，但其"复归"具有鲜明的逻辑线索，并不意外，需要正确看待。新中国成立以后，供销合作社形成一个上下连接、纵横交错的全国性流通网络，成为联结城乡、工农的桥梁和纽带。改革开放以来，随着农村商品流通市场日益活跃，供销合作社进行了企业化改革，其对一些重要农副产品的专营权逐渐丧失，民营企业、个体户等逐渐成为农村商品流通的主要服务商。但是，供销合作社只是从人们的日常生活中"隐退"了，其在国民经济中的战略作用一直在发挥。以供销合作社为主渠道的全国性商品流通网络，是国民经济的重要基础设施。

迄今为止，供销合作社仍然是一些大宗农副产品流通的主渠道，是稳定物价、维护农副产品供应链安全的压舱石。而且，20 世纪 90 年代末，全国供销社系统通过改革已经实现扭亏为盈。如今中华全国供销合作总社拥有十多个企业集团，在棉花流通经营等领域占据市场优势地位。一些地方的供销合作社打造出自己的品牌企业，实现了良好的市场效益，还有些地方的供销合作社在各乡镇留有固定资产。近年来，供销合作社的功能定位更加明确，逐渐成为服务农业农村发展、促进乡村振兴的重要抓手。在一些地区，供销合作社还开展了土地托管等业务，建设服务农民生产生活的综合平台。为建立完善的流通网络，供销合作社开始拓展服务范围以增加盈利点，因此，人们发现供销合作社的确在一些地方的农村发展中"复归"了，只不过供销合作社"复归"有其特定内涵。一是供销合作社已改制成企业，在农村流通领域，它和其他市场主体地位平等。供销合作社没有"统购统销"和其他大宗农副产品专营权的政策优势，其在农村能否站稳脚跟得经过市场检验。二是供销合作社的性质决定了它具有公益性。从市场效率角度看，很多偏远农村地区布局基层服务网点经济效益不高，但当地农民有现实的生活需要。因此供销合作社"复归"可以在这方面发挥一定作用。三是以供销合作社为主渠道的农村流通网络在总体国家安全建设中具有重要作用。完善的供销网络有利于维护供应链安全，保障群众生活。

中国政法大学资本金融研究院副院长武长海在接受中新经纬采访时也表示，大众需要正确理解今天的供销合作社。供销合作社是计划经济的产物，作为国有机构的一种保留至今，但经过这么多年，"虽然从名称上还是供销合作社，但已经完全不是过去的概念了"。武长海指出，当前的供销合作社没有过去那么强的行政属性，已成为公司制，"将现在的供销合作社和计划经济联系起来是一种误解。现在更多是类似日本的农业协会，相当于村民的自助组织，为农民科学种植提供产销服务等。"《北京商报》援引北京工商大学商业经济研究所所长洪涛教授的观点指出，全国供销社系统现有 3.1 万家，拥有网点近40 万个，它与中国邮政、中国电信以及不同经济成分的网点，形成纵向的产业链、供应链、价值链等链式关系；同时也形成横向的多种类型的生态链关系。洪涛认为，供销合作社最终会成长为增强农村流通组织的力量，"不容置疑的是，农村市场已经形成多元投资主体的市场，供销合作社网点建设应做到'一场多用'，并与其他不同经济类型、不同连锁业态形成相应链条关系，最重要的是实现生态链和生态圈的关系，避免农村网点和资源的过度竞争。冷链体系的建设，正在由'撒胡椒面'的补短板建设向'体系建设'和'系统建设'转变，从而形成良好的营商环境。"重建供销合作社是否意味着要重"计划"？中国人民大学教授、广东财经大学大湾区双循环发展研究院院长陈甬军对国事直通车表示，现在讲的重建供销合作社，主要是指县以下的基层供销合作社。这并非为了恢复计划经济，而是为了在市场经济中更好地发挥合作经济的功能，助推乡村振兴和国内国际双循环。中国贸促会研究院市场研究部副主任张继行则认为，现阶段的供销合作社已不是传统意义上的计划经济产物。供销合作社紧抓中央部署全面深化改革重大机遇，围绕中央关于充分发挥供销合作社在农业社会化服务和农村流通重要作用的要求，主动谋划供销合作社改革，基本形成了符合合作制理念和市场经济取向的供销合作社新体制。张继行表示，供销合作社并不像大家传统印象里只在农村设有经营网点。现阶段，中华全国供销合作总社出资企业经营范围涵盖农业生产资料、日用品流通、农产品批发、电子商务、冷链物流等，主要经营地点是在县域及以下地区。在城市，供销合作社主要经营业务为"邻里中心"和"中央厨房"。

二、政府行动

根据《湖北日报》报道，2023年5月23日，湖北省委召开专题会议，研究湖北省深化供销合作社综合改革工作。省委书记、省人大常委会主任王蒙徽主持会议并强调，要深入学习贯彻党的二十大精神和习近平总书记关于供销合作社工作的重要指示批示精神，坚持从"三农"工作大局出发，持续深化供销合作社综合改革，构建全省城乡供应链服务网络，加快农业农村现代化。会议指出，供销合作社是党领导下的为农服务的综合性合作经济组织，有着悠久的历史、光荣的传统，是推动农业农村发展的重要力量。进入新发展阶段，要适应新型城镇化、农业现代化新形势新要求，加快推进体制机制创新，深化供销合作社综合改革，更好发挥促进现代农业建设、农民增收致富、城乡融合发展等作用。大力推进农业现代化，构建现代农业产业体系、生产体系、经营体系，必须不断强化农业服务保障。供销合作社作为推进"三农"工作的重要载体，要牢记为农服务根本宗旨，进一步明确哪些是公共服务保障职责、哪些是市场经营服务职能，推进政事分开、社企分开，持续深化综合改革，更好发挥服务农业发展的独特优势和重要作用。要加快推进供销合作社社有企业平台化服务改革转型，立足经营服务网络优势，高质量建设农资链、粮油链、棉花链、日用消费品链等供应链平台，努力实现农民保收、市场保供。要把深化供销合作社综合改革与发展新型农村集体经济结合起来，培育新型农业经营主体，推动农户与市场有效衔接，促进农民增收致富。全省各地要立足实际，因地制宜探索推动农村集体经济发展的有效路径，努力创造更多可复制、可推广的经验做法。

5月26日，由四川省绵阳市安州区政协牵头组织的市、区两级政协联合调研组走进了该区塔水镇双垱村，一幅幅现代农村的秀美画卷让委员们感受颇深。他们此行的目的不仅是调研乡村振兴推进情况，更是为发展壮大农村供销合作社把脉问诊。"这片山坡荒坡地能够再现瓜果飘香的景象，离不开区政协和双埝村供销合作社的大力参与。"双埝村果园负责人邵兵介绍，近年来，安州区大力推进农村供销合作社建设，采取"供销合作社＋村集体经济＋龙头企业"三社融合发展模式，通过供销合作社撬动社会资本，联结村集体经济组建基层供销合作社，发挥村集体的组织优势、龙头企业的产业优势、供销合作社的经营服务优势，共同发展养殖、种植、农技服务、农资供应等业务。目前，全区已组建7个村级供销合作社，在推动乡村振兴过程中展现出了强大生命力。"当前农村供销合作社为农服务功能弱化，基层社整体力量较为薄弱，基层社造血能力不足等问题依然存在。"通过调研，委员们呼吁，应进一步加强村级供销合作社服务能力建设，更好助推乡村振兴。"发挥供销合作社的'合作'职能，让广大农户享受供销合作社集中谈判带来的价格优惠、优质服务。""采取兴办专业合作社、开展土地托管服务、加快社区综合服务等途径来促进农业增效、农民增收。""市、区要加强对村级供销合作社发展的引导，选择在条件成熟、群众积极性高的村建立村级供销合作社，避免全面开花。"在接下来召开的小微协商会议上，区政协委员唐小兵、蒋凤霞、马文红、铁永托等围绕如何加强村级供销合作社服务能力建设，贡献了许多"干货"。"加强村级供销合作社宣传培训，广泛动员农民加入村级供销合作社，提高农民的参与度。""认真总结经验做法，做到成熟一个发展一个，避免全面开花。"从事农村供销工作的塔水镇供销合作社负责人雷国洪、油房村党总支书记曾军、区供销联社理事会副会长张其英等也纷纷谈起了各自的看法，会议现场气氛热烈。"我们将认真吸纳委员们及参会代表提出的意见和建议，结合绵阳实际，在充分调研基础上，出台意见支持全市村级供销合作社发展壮大。"市供销合作社相关负责人的回应发言，赢得了与会人员的热烈掌声。"供销合作社的辉煌，不仅是一代人的记忆，更是国家推进'三农'工作、直接为民服务的重要载体。"参加本次协商的绵阳市政协副主席瞿永安表示，基层供销合作社在助力乡村振兴及农村产业发展方面大有可为，人民政协将发挥专门协商机构作用，围绕进一步提升基层供销合作社服务农业生产的能力和水平，健全经营、核算、监管等重要机制，为村级供销合作社发展营造良好环境等方面建言献策，积极为农村供销合作社发展壮大，更好推动乡村振兴贡献政协智慧和力量。

第七部分 关于供销合作社发展的时政评论

在云南凤庆，当地供销合作社秉承"全心全意为人民服务、全心全意为企业服务"的理念，结合自身资产优势与社有企业发展需要，通过"三室一厅一制度"优化营商环境，激发社有企业发展潜力。"自从凤庆供销合作社给我们提供这个优美的环境以后，我们带客户到社有企业办公室谈生意时，大大提高了客户对我们的信誉度满意度。"针对很多社有企业办公区简陋，没有合适的商务洽谈办公室问题，凤庆县供销合作社切实增强优化社有企业营商环境的责任感和紧迫感，结合社有企业发展实际，拉高标杆、多措并举，建设社有企业办公室，不断提升为企业解难题的服务水平和能力，有效破解了社有企业难题。"社有企业办公室拓展融合'社有企业办公室、社有企业会客室、社有企业茶文化传习室和社有企业农特产品展示厅及社有企业联系制度'，成为高质量服务企业的'暖心驿站'。"凤庆县供销合作社副主任张乙文介绍道。社有企业办公室作为社有企业服务平台对外交流的窗口，将更好地为社有企业提供服务，让企业真真切切感受到"重视"和"温暖"，助推全县营商环境建设和招商引资成效。社有企业办公室承载着社有企业"会客室"的作用，作为供销重点工作特别是经济服务类会客交流的工作场所，强化社有企业对外交流，有利于将服务企业与供销日常工作有机融合，有效提升工作成效。同时，社有企业办公室承载着社有企业茶文化"传习室"。凤庆是"世界滇红之乡"，茶文化源远流长，"滇红茶文化"更是凤庆文化的精华，把供销服务和茶文化宣传有机融合，积极正面传播交流"滇红茶文化"，定期会有茶艺师前来培训茶艺茶道。社有企业办公室还是企业农特产品"展示厅"，回归"供与销"主责主业。目前，展示厅已经引进15家凤庆优质企业的茶叶、核桃、坚果等本地优质农特产品，打造"小而精""小而全"的供销农特产品"展示厅"，大力开展凤庆农特产品宣传介绍和采购推销等助农服务。在此基础上，凤庆县供销合作社还建立了社有企业联系制度，定期在社有企业办公室召开联席会议，共同探讨市场运营、制度建设、政策保障、服务提升等主题内容，全力助推企业高效服务发展，帮助社有企业建立"资源共享、市场共建、服务共推"型服务平台。截至目前，凤庆县供销合作社已成功培育运营5家社有企业，涉及农用物资保供、日用百货保障、生鲜物流供应、生猪保供、再生资源回收等服务网络。凤庆县供销合作社副主任张乙文介绍，凤庆县供销合作社将进一步深化供销综合改革，紧紧围绕"2023年县域流通服务网络强县"建设契机，科学有序规划实施"农用物资保供、日用百货保障（暨农产品购销）、生鲜物流供应、生猪保供、再生资源回收、快递物流综合流通"6大服务网络。计划到"十四五"末，凤庆县供销合作社培育限上企业5家以上，社有企业年均营业额将达2亿元以上，缴纳地方税收近500万元，带动劳动力就业5000人以上。

2023年6月1日，湖南省供销合作总社党组书记、理事会主任周晓理调研娄底市供销合作社工作。周晓理指出，供销合作社要解放思想，勇担使命，紧密联结城与乡、紧盯市场供与需、紧帮农民联与带，大力提升新时代新供销服务"三农"能力。娄底市委书记邹文辉、副市长伍鹄分别参与会见和参加有关调研活动。调研组重点就娄底供销合作社基层体系建设、县域物流发展、农业社会化服务、项目建设等情况进行深入了解。周晓理一行先后来到涟源市家利多电子商务有限公司、涟源市供销现代农业冷链物流配送体系建设项目、涟源市盛达农业服务有限公司（七星街镇基层社）和湖南省水府庙农林科技开发有限公司（杏子铺镇基层社）走访调研，深入了解娄底供销社基层组织体系建设、县域物流发展、农业社会化服务、项目建设等情况。周晓理充分肯定了娄底市供销合作社在落实省社"13633"工作思路、做好农资保供稳价、做实农业社会化服务、探索基层供销合作社组织建设等方面所做的工作。周晓理指出，市县各级供销合作社要发挥供销优势，积极为"三农"服好务，实实在在为老百姓多做事、做实事、做好事，助推乡村振兴。希望娄底市供销合作社积极总结探索可复制可推广的工作经验，打造全省样板。一是要聚焦"国之大者"担使命。粮食安全是"国之大者"。供销合作社作为党领导下为农服务的综合性合作经济组织，要切实提高政治站位，牢记"国之大者"，把握历史主动，自觉担当联农、带农、富农的历史使命，切实把推进乡村振兴、保障粮食安全等重大国家战略贯彻落实到供销合作事业的方方面面。二是要致力为农服务践初心。供销合作社根植"三农"，因农而生、为农而存、伴农而兴，与农民群众保持了深厚的血肉联系。为农服务是供销合作社的立身之本、生存之基。要全面贯彻落实习近平总书记对供销合作社工作的重要指示批示精神，把为农服务作为主责主业、放在首位，全心全意做好服务"三农"文章。按照"五有三好五统一"标准扎实建好基层供销合作社，打造成服务农民生产生活的综合平台。三是要做实平台体系促发展。要做深做实湖南省供销合作社农业社会化服务大联盟平台，激活要素、聚集力量、畅通环节，打通供需两端"最后一公里"。不断拓展完善省、市、县、乡、村五级商贸流通体系，及时把农产品变农商品，帮助农民变现增收。

5月25日，兰州市政协专题调研供销合作社在乡村振兴中作用发挥情况。调研组先后来到红古区花庄镇基层供销合作社、米家台"三位一体"项目、兰州市再生资源循环经济加工产业园等地，了解供销合作社经营服务体系建设、综合改革和服务乡村振兴工作情况。调研组认为，要充分发挥供销合作社组织体系和经营服务网络优势，积极推进各级供销合作社联动发展，实现资源共享、优势互补。要积极通过构建供销合作社、村集体经济合作社、专业合作社三方融合发展机制，在农产品生产、销售两端同时发力。要强化社会力量购买公共服务，为农资供应、配方施肥、农机作业、统防统治、农产品收储加工和市场营销、再生资源回收利用等提供更加高效的一体化服务。

根据《昆明日报》报道，2023年1～4月，全市供销社系统电子商务销售额同比增长116.76%，位列全省第一。为构建适应现代农业发展的生产、供销、信用"三位一体"综合合作体系，全面助推乡村振兴，2023年昆明市供销合作社提出，要把深入推进供销合作社综合改革、大力促进乡村流通顺畅运行等10项工作作为重点。组建供销农产品电商公司10家以上，力争完成农产品电商销售额1.3亿元以上；以村"两店"建设为抓手，持续提升日用消费品经营能力，试点建设日用消费品前置批发仓1个，建成村"两店"标准店10个以上，力争实现年销售额2000万元以上。昆明市供销合作社党组书记、理事会主任王彦平介绍，2022年底，昆明在全省率先出台《关于持续深化供销合作社综合改革助推乡村振兴的指导意见》（以下简称《意见》），明确支持全市供销社系统推进乡村流通体系补链扩能，为全市供销社系统电商发展奠定了坚实基础。《意见》提出，大力发展农村电商，承接"快递进村"服务网点建设，实施"互联网＋"农产品出村进城工程，实现"一点多能、一网多用"；支持供销合作社实施农产品、日用品"城乡双促行动"，建设县域农产品集采集配中心，承接重要农副产品应急储备任务，推动农产品、日用品集采集配、直供直销；推进乡村物流配送中心、连锁超市和便利店改造提升，改善农村消费环境。

三、媒体探访

　　根据《四川日报》报道，2023年初，四川省委办公厅、省政府办公厅印发了《关于持续深化供销合作社综合改革加快建设为农服务综合平台的意见》（以下简称《意见》），并发出通知，要求各地、各部门结合实际认真贯彻落实。《意见》强调，深化供销合作社改革要坚持为农服务根本宗旨，坚持政府引导、市场运作、资源整合、开放合作，以服务打造新时代更高水平"天府粮仓"为重点，建强服务网络，提升服务能力，完善服务机制，为全面推进乡村振兴、加快推动四川由农业大省向农业强省跨越提供有力支撑。《意见》提出，到2025年，基本建成对接农业生产端和城乡消费端、以公共型农产品现代冷链物流骨干网和数字供销网为主体的供销合作社服务网络；为农综合服务能力显著增强，在农资供应、农业社会化服务、农产品现代流通服务中的作用更加突出；与农民利益联结更加紧密，为农服务综合性合作经济组织的独特优势充分彰显。《意见》围绕建强供销合作社流通服务网络、提升供销合作社为农服务能力、完善供销合作社综合合作机制3个方面，明确了建设为农服务中心、建设城乡社区服务网点、提升农业社会化服务水平、拓展"川字号"特色农产品产销服务、健全基层供销社联农带农机制、推动社有企业开放合作发展等15项重点任务，并提出了加强组织领导、强化政策支持、加强队伍建设、营造良好氛围等保障措施。

　　在新疆维吾尔自治区，作为我国经济体制改革特别是农村改革的重要组成部分，供销合作社系统综合改革在新疆各地稳步推进。4月底，自治区持续深化供销合作社综合改革现场推进会在泽普县、叶城县举行。以往"老破小"的基层供销社现在怎么样？供销合作社为农服务领域发生了哪些变化？《新疆日报》记者就此进行了采访。5月24日一早，叶城县伯西热克镇欧壤村村民阿布都热依木·艾麦提托合提便来到镇供销合作社为农服务中心领取快递。他说："这里提供的服务可多了，除了农资、煤炭保供，我家维修汽车或家电都会来这里，工作人员热情，维修质量也有保障。"在为农服务中心近8000平方米的大院里，划分了农产品展销及快递物流区、农资销售保供区、再生资源回收区、农机租赁维修保养区等八大功能区。"一年前，这个大院可不是这样。"

伯西热克镇供销合作社主任吐鲁洪·沙依提说，因为设施陈旧，院子整体荒废，除了农资、煤炭保供，其他业务基本停滞，靠出租门面维持运营。去年，叶城县供销合作社对伯西热克镇供销合作社闲置院落进行规划，整合社会资金100多万元，建成为农服务中心。"今年供销合作社经营收入预计100万元。"吐鲁洪说，目前改造工作已全部完成，基层社服务半径和能力得到扩展和增强。2021年，叶城县全面推动基层社恢复重建和提升改造工作，解决了5个无资产、无业务、无场地"三无社"建设用地指标。同时，整合涉农资金、援疆资金等3000万元用于"三无社"、薄弱社重建和改造提升。目前，叶城县供销合作社已建设乡镇基层社21个、农村综合服务社317个，覆盖率100%。

有了硬件，还需要能人来管理。叶城县供销合作社吸引致富带头人入社，社员通过土地、机械设备等资产折股量化入股，让基层社重新运转起来。作为直接面向农民开展生产生活服务主要载体，基层供销社曾是为农服务的第一线。但由于多种因素影响，新疆各地供销合作社发展并不平衡。随着近年来新疆各地基层社逐步恢复重建，原来"老破小"基层社逐渐转变为具有多种经营服务功能的为农服务大平台，全面参与到农民生产生活中，密切与农民的利益联结。2022年，自治区供销合作社系统共改造提升基层社54个，全区乡镇基层供销社数量达到852个；今年将完成50个薄弱基层社改造提升，逐步实现基层供销社经营服务乡镇全覆盖。在泽普县，每天早上10时前，努尔妮萨·图尔苏都会准时来到商贸综合物流园净菜配送中心分拣、清洗蔬菜。"每月扣除社保后的收入有2800元。"努尔妮萨说，她在这里工作已有一年半。净菜配送中心由泽普县供销合作社所属龙头企业——泽普县金凤泽普农业发展投资有限公司负责运营，目前，每日各类食材配送量达10吨，年销售额近8000万元。除了净菜配送中心，该公司还运营管理着县商贸综合物流园以及县蔬菜、苹果种植基地。社有企业是供销合作社为农服务重要支撑和抓手。2020年，泽普县政府将优质国有经营性资产注入县供销合作社，开展供销合作社体系实体化运营，成立金凤泽普农业公司等三家社有企业，汇聚了农产品生产、加工、销售、物流、交易、品牌化建设等6项功能。目前，泽普县供销合作社管理资产近4.5亿元，去年产值实现7300万元。泽普县供销合作社主任王飞说，我们突出主营主业，采取强强联合、资本整合、产业培育等方式，推动优势资源向社有龙头企业聚集，增强企业市场竞争力和行业影响力。社有企业不断改革发展，同步带动供销合作社为农服务能力提高。叶城县供销合作社党支部书记左建林表示，将"以企带社"作为抓手，通过社有企业解决基层社缺资金、缺项目、缺人才问题，着力构建供销合作社主导的行业指导体系和社有企业支撑的经营服务体系，形成政事分开、社企分开、上下贯通、整体协调运转的双线运行机制。2021年，在叶城县委和政府大力支持下，县供销合作社与国资委共同出资，成立叶城县振兴资产管理集团有限公司，业务由传统农副产品销售发展到物流冷链仓储、物业管理、再生资源回收利用、农副产品供应等多个领域，形成社企集群优势。公司与本地86家农民合作社及企业签订合作协议，帮助其开拓市场、拓展产品销售渠道。社有企业改革发展，有效化解了供销合作社资产效益不高、机制不畅问题。去年，叶城县供销合作社实现营收3500万元以上，带动就业3000余人。目前，新疆供销合作社系统社有企业改革虽然取得一定成绩，但一些企业还存在资产负债率偏高、盈利水平较低状况。为了完善社有企业市场化经营机制，自治区供销合作社系统通过完善法人治理结构，规范社有企业党组织和股东（大）会、董事会、监事会、经理层等权责边界，确保法人治理结构定位清晰、权责对等，不断增强企业发展活力和内生动力。眼下，泽普县早熟土豆已进入收获期。为了稳定土豆市场价格，金凤泽普农业公司在全县4个乡设立收购点，现场对采收土豆按等级定价。"确保土豆价格维持正常水平，保证农民收益。"金凤泽普农业公司副总经理曹永明介绍，一级土豆按每公斤3.7元、二级土豆按每公斤3元价格进行托市收购。2022年，通过分级分价托市收购，金凤泽普农业公司收购红枣、核桃、苹果、土豆等7000余吨，带动市场收购价格每公斤提升0.5~1.5元，实现亩均增收300~500元不等。在泽普县农副产品交易结算中心的农产品展销中心，各类干果、苹果、蜂蜜等产品琳琅满目。"我们利用系统优势，统一使用'金凤泽普'品牌开展农副产品加工，延伸产业链，使得产品更具优势。"王飞说。同样是推动农产品销售，叶城县供销合作社通过打造冷链仓储物流体系来发挥农产品流通主渠道作用。在叶城县冷链仓储物流基地，一座座高大的冷链仓库整齐排列，库房内工作人员正在紧张地搬运各类货物。该基地由叶城县振兴资产公司管理运营，目前基地已吸引京东、顺丰等20家企业入驻，年储存、周转各类货物、农副产品总量达到30余万吨，产值突破10亿元，保障了全县45万亩蔬菜鲜果以及10万吨畜禽产品的保鲜冷藏需求。利用乡镇基层社和农村综合服务社的优势，叶城县供销合作社构建覆盖农产品生产、加工、运输、储存、销售全程流通体系，形成"村收购、乡中转、县配送"三级蔬菜仓储冷链物流配送体系，推动了"农产品上行"和"消费品下行"双向流通。今年，中央1号文件提出，坚持为农服务和政事分开、社企分开，持续深化供销合作社综合改革。"改革目标就是把供销合作社打造成为农服务功能更完备、市场化运行更高效的合作经济组织，真正使供销合作社成为服务农民生产生活的生力军和综合平台。"自治区供销合作社党委委员、理事会副主任吴孔凡说，为了推动基层社建设，全区供销社系统将继续采取社有企业带动、项目资金扶持、盘活闲置资产等方式推进基层社改造，不断延伸服务触角，拓展服务领域，充实服务功能，提升基层社的综合实力。

根据澎湃新闻报道，在四川乡城，面对农户个体宣传难、农特产品销售难、集体经济突破难、农企利益连接不紧密等系列问题，青德镇与州级农业产业化重点龙头企业乡城藏青兰药业有限公司携手，在4A级景区核心仲德村以"供销合作社＋龙头企业＋集体经济＋种养殖大户"的利益联结模式打造了100平方米的青德供销合作社，供销合作社根据村集体经济、企业发展和农户生产等需求，提供农资购配、农技指导、农机服务及产品综合市价、市场供需情况、惠农惠企政策等信息服务，2022年以来为200余名村民提供惠农政策解答服务，为村民助销生猪33头、藏鸡283只、黄牛5头，为157名村民提供农机作物种子、果苗花卉苗、肥料等代购服务，为辖区4家企业提供22条农特产品收购信息，切实打破供销合作社传统"笼统供货"求需模式，创立"以需定供"被需模式，成为产业发展"培养皿"。结合农旅融合发展，青德供销合作社立足"供销＋宣传＋旅游"的定位，借助位于景区核心的优势，以门店为载体为游客介绍镇域内的特产美景、民俗文化、打卡线路、民宿美食、文创产品等，在展销特产的同时为游客提供专人导游、民俗体验、特产品尝等服务，并以"线下体验＋线上销售"的"双线"并行模式，引导游客根据感知价值自主向熟人宣传实现二次推销，从而提高农特产品出售率及旅游产品推广率，彻底解决游客产品选择难和农户市场营销难的问题，同时增强居民与游客对供销合作社的信任与信赖。2022年服务游客1万余人次，其中提供旅游介绍服务8000余人次，住宿推进800余人次，特产销售服务1500余人次，提供导游服务100余人次，切实带动全镇农家乐、民宿、摊贩、文创点等增收，形成旅游宣传反哺乡村振兴的绿色业态。青德供销合作社统揽一二三产业，指导农企按照市场需求变化，调整种植结构，打造优质农产品品牌，采取"订单农业""保底收购""合同契约"等方式完善利益联结，为农户提供代购上门服务，入户入院收购农户庭院农产品，全面激活农户庭院经济，利用直播带货服务，全面销售苹果、藏梨、毛桃、核桃等农特产品和苹果干、藏梨膏、松茸饼干、葡萄酒、青稞酒、酥油饼等农特加工品，实现群众增收。2022年以来，供销合作社购销苹果11吨，藏梨干6吨，玉米13吨，土豆23.5吨，在电商平台直播销售农产品4200单，精加工农特产品2500单。为提高公共文化服务能力，乡城藏青兰药业有限公司自发在青德供销合作社设立公益图书馆，藏书200余册，免费对外开放，引导村民学习种植、养殖、加工、医疗卫生、法律等生活常识，同时教授生活、文体、休闲等健康知识，让村民们及时了解有关国家涉农、惠农、富农的政策。2022年以来自发组织全民阅读7场次，组织少年儿童阅读分享会5场次，镇域参与人数达600余人次，吸引游客阅览300余人次，实现文明思潮与乡村振兴同频共振，全镇弥漫着缤纷初夏的浪漫与文明乡风的浓郁。

根据《陕西日报》报道，2023年5月26日，西安市长安区供销为农服务中心成立暨丰瑞农资有限公司揭牌仪式在王莽街道举行。这是西安供销社系统成立的首家为农服务中心。为进一步完善、创新为农服务举措，提升为农服务能力，2023年5月以来，长安区供销联社在西安率先完善为农服务体系并启动了17个为农服务中心，实施千亩土地托管，闯出服务"三农"新天地。据悉，西安市长安区供销为农服务中心占地1531平方米，内设庄稼医院、化肥农药库房、化肥农药门市部，配置专业服务小组和专业技术人员。中心以服务"三农"为宗旨，根据农民需求实现智能配肥、农资直供、农机服务、大田托管、农民培训、统防统治、乡村治理等功能，通过专业化服务推动当地农作物标准化种植，帮助农民降低生产成本，促进农业增收、农民增收。丰瑞农资有限公司将通过集中采购、集中存储、统一销售的直供直销模式，有效减少农资流通环节，降低采购成本，把好农资入口，确保商品质量。同时，建立健全质量追溯制度和质量承诺制度，对农资销售价格进行监控，及时掌握市场动态，加强价格自律和价格检查，维护农资市场的价格稳定，切实发挥农资市场供需调节"稳压器""压舱石"作用，为广大农村群众送上更多实惠。

揭牌仪式现场，长安区供销联社与秦农银行签订战略合作协议，长安区供销联社筹资 2000 万元发起成立助农公益基金。该基金以专项资金形式设立，以为农服务为根本宗旨，用基金产生的收益开展免费助农增收工作，主要用于农业生产环节的公益性服务，包括农业科技培训、农事服务、农民专业合作社建设与发展，为供销合作社参与农业社会化服务、助农增收、助力乡村振兴开辟新路径。

根据《清远日报》报道，5 月 28 日，全国首批以"互联网＋实体连锁店"模式运营的 9 家"供销社食堂"在清远清城区同步揭牌开张，全面铺开优质地区供应链网络，打造"百县千镇万村高质量工程"新亮点。开业当天，"供销社食堂"西门塘门店吸引了大批居民前来挑选商品，无论是肉类、蔬果、干货、熟食等区域都挤满了消费者，店内商品种类繁多，除了销售供销社系统的自产商品外，还有不少本地及外地的特色农（副）产品、生鲜蔬果、包点、预制菜和烧腊快餐等，琳琅满目，让人眼花缭乱。"我一直想找一家能购买特色农产品的店，今天从街坊口中得知这里开了一家'供销社食堂'，就特地过来看看。"家住附近的陈阿姨是清远本土农（副）产品的"忠实粉丝"，今天她特地来到新开业的"供销社食堂"选购，并心满意足地购买了清城本土生产的菌菇类干货。她表示，"供销社食堂"很好地整合了各地特色的农（副）产品，而且地址也很便利，以后会经常前来"帮衬"。"'供销社食堂'项目，是进一步畅通全国统一大市场'毛细血管'的重要举措，也是区供销合作社为全区乡村振兴战略所打造出的创新经验。"清城区供销合作社副主任赵好介绍，2023 年以来，清城区供销合作社聚焦流通主责主业，借助建设全国统一大市场的东风，大力发展县域流通，倾力打造"供销社食堂"项目，以服务"三农"为出发点和落脚点、联合合作为核心、要素融合为重点，与市、区供销社系统企业共建地区供应链网络。另外，"供销社食堂"项目在保留供销合作社特色文化的基础上，在全国范围内创新打造出"互联网＋实体连锁店"新零售模式，采取"线上＋线下"的模式进行运营，实体门店除了线下日常商品展示、销售及体验外，还可以通过直播带货、小程序下单、社群运营、线下活动等方式多渠道引流，运营总部将数据分析预测反馈到商家，商家再在系统上进行订单处理以降低运营成本。同时，各门店引进了"智慧门店管理系统"，商家能直观地了解商品售卖情况，顾客或单位团体也可以通过微信小程序、直播或加入社群享受折扣优惠，并选择门店自提或快递物流到家。"打造并推出'供销社食堂'这个品牌，寓意深刻，除了是老百姓对供销社的归属感和认同感外，也承载着区供销合作社多年来服务'三农'，发展乡村振兴道路上的辛路历程。"赵妤表示，今后，"供销社食堂"将持续秉承"为人民服务"的宗旨，持续优化门店标准化运营体系，建立健全的信用体系扶持政策，积极探索多样化合作模式，同时，继续做好便民服务、助农帮扶、乡村振兴等工作，让供销网络覆盖面更广，社会参与度、群众满意度更高。

参考文献

［1］吕黎朝，胡茂，陈世平，等．供销合作社"双线运行"机制改革问题及对策建议——基于四川省供销合作社试点分析［J］．安徽农业科学，2019，47（11）：267－269．

［2］孙新德，许孝华．"双线运行机制"该如何进行构建［J］．中国合作经济，2016，356（12）：12．

［3］郭西学．浅谈供销社联合社构建"双线运行机制"［J］．中国合作经济，2015，343（11）：25－27．